Manche leben, um zu arbeiten, bei anderen ist es umgekehrt: Die lebende Büro-Legende Bernd Stromberg stellt die Arbeitswelt vom Kopf auf den Hintern!

Moses hat die Zehn Gebote und der DFB-Pokal seine eigenen Gesetze. Nur in der Arbeitswelt kann jeder machen, wie er lustig ist? Nein! Der beste Chef Deutschlands hat sich in seiner knappen Freizeit hingesetzt und die wichtigsten Regeln für den Job aufgeschrieben, z.B.: »Immer langfristig denken! Anfangs ruhig kleine Brötchen backen. Wer gleich mit dem großen Brot anfängt, macht sich schnell unbeliebt. Ich nenne das die Prince-Charles-Taktik. Ruhig mal dreißig, vierzig Jahre abwarten, bis die Chefin abdankt oder stirbt. Muss man sich natürlich leisten können ...«
Über fünfzig Jahre geballte Arbeitserfahrung, seitenweise neue Binsen-, frische Weisheiten und nützliche Tipps für den Umgang mit Chefs, Kollegen und anderem Gesocks!

Ralf Husmann ist Erfinder und Chefautor von ›Stromberg‹, ›Dr. Psycho‹ und ›Der kleine Mann‹ sowie Kolumnist für ›KulturSPIEGEL‹ und ›Playboy‹. Er wurde mehrfach mit dem Deutschen Comedy-Preis, dem Deutschen Fernsehpreis sowie dem Grimme-Preis ausgezeichnet. Husmann schrieb vor dem ultimativen Büro-Buch bereits die Romane ›Nicht mein Tag‹ und ›Vorsicht vor Leuten‹ sowie gemeinsam mit Sonja Schönemann ›Die Kiste der Beziehung. Wenn Paare auspacken‹.

Weitere Informationen, auch zu E-Book-Ausgaben, finden Sie bei www.fischerverlage.de

Arbeit macht Arbeit,
darum heißt sie ja so ...

STROMBERG

Die goldenen Job-Regeln.

Das ultimative Büro-Buch!

von Ralf Husmann

FISCHER Taschenbuch

FSC
www.fsc.org
MIX
Papier aus verantwortungsvollen Quellen
FSC® C083411

Originalausgabe
Erschienen bei FISCHER Taschenbuch
Frankfurt am Main, Februar 2014

Satz: Dörlemann Satz, Lemförde
Druck und Bindung: CPI books GmbH, Leck
Printed in Germany
ISBN 978-3-596-19854-2

Vorweg

Das Büro

... ist der natürliche Lebensraum für den modernen Menschen. Körperlich arbeiten macht ja keiner mehr. Das ist, ähnlich wie heiraten oder selber schlachten, eher eine nostalgische Geschichte. Und trotzdem wissen viele nicht genau, wie sie sich im Büro zurechtfinden sollen. Ganz wie junge Löwen, die im Zoo groß werden, und dann ausgewildert in der Savanne ratlos vor der Antilope stehen und darauf warten, dass der Pfleger sie in mundgerechte Häppchen zerteilt. Viele Angestellte sind heute wie diese jungen Löwen. Degenerierte, verwöhnte Tiere mit iPhones, facebooks und Tätowationen am Arm, aber ohne die geringste Ahnung, wie sie in der Wildnis überleben sollen. Das können die Löwen in diesem Buch lernen.

Dieses Buch ist eine Art Bibel. Nein, es ist besser als die Bibel. Denn die Bibel wurde von normalen Leuten geschrieben, im Auftrag von dem ganz oben. Dieses Buch aber wurde von dem ganz oben persönlich geschrieben. Von mir. Ich weiß, wie der Hase läuft. Und der Löwe und die Antilope. Und anders als in der Bibel stehen hier nicht solche abstrakten Sachen wie »Du sollst nicht töten« und »Liebe deinen Nächsten«, wo am Ende ja doch keiner weiß, was er damit anfangen soll. Hier wimmelt es von praktischen Tipps und Tricks: Es ist eine detaillierte Anleitung, wie man das Leben zwischen Schreibtisch und Kantine meistert. Ein Erste-Hilfe-Kurs für die Widrigkeiten mit »Kollegen«, »Vorgesetzten« und Fußvolk.

Die Herausgeber hielten es für eine gute Sache, dass zwischendrin auch noch »Leute« wie Ernie, Ulf und andere ihren Senf aufs Blatt husten. Das können Sie getrost überblättern. Aber, wie sagt ein altes Sprichwort? Diamanten strahlen am hellsten, wenn sie neben Matsche liegen. So könnte jedenfalls ein altes Sprichwort sagen, und insofern lesen Sie ruhig alles. Sie werden schon wissen, wer am Ende recht hat.

In diesem Sinne!
Bernd Stromberg, im Herbst 2013

Zur Einführung:
Büro – was soll das?

Der Begriff Büro stammt vom altfranzösischen »Bure«, was grober Wollstoff heißt, mit dem wurden damals in Frankreich die Schreibtische bespannt. Das hab ich recherchiert, im Internet, deswegen wird es wohl nicht stimmen, oder aber doch, das weiß man ja eben nicht mehr. Wenn es stimmt, dann gehen wir heute also jeden Tag in etwas, was die Franzosen erfunden haben. Und von da kommt ja meist nix Gutes. (Die Franzosen rosten alle durch. Ich hatte in jungen Jahren einen Citroën. Kann ich nicht empfehlen.)

Man hat im Büro schnell das Gefühl, dass man sich nicht gerade nützlich macht. Am Ende des Tages hat man meist nichts geschafft. Jeder Klempner kann sagen: »Heute hab ich drei Scheißhausrohre saubergemacht.« (Offiziell, und dann wird natürlich noch schwarz ordentlich was nebenbei verdient. Aber selbst das kann man im Büro nicht. Wie soll man hier schwarzarbeiten?)

Der Büromensch hat am Ende des Tages vielleicht 20 Mails geschrieben, von denen zehn im Müll landen und acht im Spam. Aber wenn Sie zwei linke Hände haben oder Abitur, wird's mit der Klempnerei schon schwierig. Dann werden Sie heute gnadenlos ins Büro abgeschoben. Je eher Sie das akzeptieren, desto besser.

Berthold ›Ernie‹ Heisterkamp (Sachbearbeiter): Mein Leben hat mir nichts vorzuwerfen. Ich sitze abends oft alleine und tau mir Kohlrouladen auf oder sonst was und denke, ach, prima, heute ist auch schon wieder rum. Hauptsache gesund.

Ulf Steinke (Sachbearbeiter): Im Büro ist es wie beim Zahnarzt. Man sitzt viel rum und wartet, und wenn es ernst wird, tut's auch schon mal weh. Aber es wird viel seltener ernst als man denkt.

Die Jennifer (!): Ich kann mir nicht vorstellen, dass ich für den Rest des Lebens ins Büro gehe. Ich kann mir überhaupt nicht mehr vorstellen, irgendwas für den Rest meines Lebens zu machen. Das ist wahrscheinlich eine Nebenwirkung der Scheidung.

Tanja Steinke (Frau vom Ulf): Wer immer nur meckert, ist eine Ziege. Es gibt echt Schlimmeres als Büro. Hier hab ich ja zum Beispiel auch meinen Mann kennengelernt. Wobei es da natürlich auch Tage gibt, wo ich denke, es wär schon gut, wenn er mir nicht jeden Tag stundenlang gegenübersitzen würde. Das tun wir ja abends dann auch noch.

Lirum larum. Im Grunde ist keiner gerne hier (außer Ernie, aber der ist ja eh völlig stulle). Natürlich könnte ich mir auch vorstellen, was anderes zu machen. Mich zu engagieren. In der Dritten Welt zum Beispiel. Aber ich vertrag die Hitze so schlecht. Außerdem ist da oft das Essen nicht gut, das ist hier schon in der Kantine ein Problem. Wie wär das also erst in Kamerun? Aber, wie gesagt, es nutzt ja nichts.

**Arbeit macht Arbeit –
darum heißt sie ja so.**

Arbeit ist wie Staub. Man muss sie nicht machen, sie ist einfach da. Aus dem Nichts. Ohne einen erkennbaren Sinn. Und man kann nichts dagegen tun. Außer arbeiten eben. Oder eine Putzfrau beschäftigen, also andere für sich arbeiten lassen. Das müssen Sie selber wissen. Entscheidend ist, dass Sie einsehen, dass Sie gegen die Arbeit immer den Kürzeren ziehen.

> **Ernie:** Für mich ist jeden Tag Tag der Arbeit. Hier weiß ich, dass ich gebraucht werde. Ohne mich geht hier auch nichts voran. Zu Hause ist ja oft nichts. Das ist nicht so schön. Und im Büro sagt ja auch der ein oder andere schon mal »Ernie, na wie isses!« oder so.

> **Ulf:** Wir haben Ernie erfolgreich eingeredet, dass man die Feiertage abgeschafft hat. Und zwar dreimal. Deswegen saß er zu Pfingsten hier, an Himmelfahrt und am 1. Mai ... wobei, warum alle am Tag der Arbeit frei haben, ist echt nicht so ganz einzusehen ...

Aber im Gegensatz zu unseren Putzfrauen in der CAPITOL kann man sich dem Staub – beziehungsweise eben der Arbeit – auch systematisch nähern. Zum Beispiel mit diesem Buch. Wie gesagt, das Wichtigste ist:

Büro ist kein Aidstest.
»Positiv« ist hier etwas Gutes!

Klar, kein Kind sagt: »Wenn ich mal groß bin, will ich ins mittlere Management«, aber Kinder haben einfach auch keine Ahnung. Natürlich ist Büro kein Traumjob. Aber Astronaut und Feuerwehrmann hat auch Nachteile.

> **Ernie:** In der Schule haben alle immer gesagt: »Ich will später mal was mit Menschen machen!« Ich nicht. Ich wollte immer was mit Akten machen. Denn Akten schmieren mir keine Regenwürmer aufs Pausenbrot oder tun mir Senf in die Schuhe.

> **Ulf:** Ich wollte eigentlich immer Fußballer werden. Richtiges Leben und Büroleben ist so wie Champions League und Tischkicker. Es ist vom Prinzip her ähnlich, aber eben doch viel, viel kleiner. Das klingt jetzt ganz schön negativ ... und das ist es auch.

**Meine Firma ist meine Firma.
Der Pole kann sich seine
Heimat auch nicht aussuchen.**

Das ist jetzt nur ein Beispiel. Klar, wenn man durch Wolfsburg fährt, denkt man auch, warum haut hier nicht jeder ab? Aber es kann eben nicht jeder da leben, wo's schön ist. Insofern muss es auch Leute geben, die jeden Tag ins Büro gehen. Einer muss diesen Job machen. Natürlich kommt im Fernsehen »Bauer sucht Frau« und nicht »Buchhalter sucht Frau«, weil die Weiber halt auf Natur stehen und Schafe. Wir können nicht alle einen Traumjob haben. Das macht einen Mann zum Mann.

> **ULF:** Dieses Büro ist der einzige Unterschied zwischen mir und einem Arbeitslosen. Das ist umso deprimierender, je länger man darüber nachdenkt …

Sich für eine Firma zu entscheiden ist so wie sich für eine Frau zu entscheiden: Man macht es oft aus den falschen Gründen.

... weil sie gut aussieht, weil sie groß ist, weil sie erfolgreich ist. Alles falsch. Bei Firma und Frau. Geh zu einer kleinen, hässlichen, die so gerade klarkommt. Denn wie heißt das Zauberwort? Dankbarkeit. Die Erwartungen sind niedrig, und sobald du auch nur einen Handschlag mehr machst, bist du gleich König. Bei Claudia Schiffer kannst du doch im Bett zaubern bis der Arzt kommt, am Ende lässt sie dich sitzen. Wenn du aber mal über Regine Bratarsch rutschst, macht die alles für dich. Und bei Apple nach ganz vorne zu kommen, ist auch viel schwieriger als bei Brömmelkamp & Söhne ...

**Respekt ist der Grundstein,
auf den eine Firma gebaut ist.
Aber ein Grundstein ist
natürlich bloß ein Symbol ...**

Eine Taube symbolisiert Frieden, sie kann dir aber trotzdem auf den Kopf scheißen. Insofern steht eine Firma eben nicht auf dem Grundstein, sondern auf Stahlbeton. Und der hat nichts mit Respekt zu tun. Null. Das heißt, wenn dir die Taube auf den Kopf scheißt, dann knall sie ab! Frieden hin oder her. Was ich damit sagen will? Keine Ahnung.

Die Kantine ist der beste Beweis,
dass das Elend
viele Facetten haben kann.

Früher hieß es »Essen hält Leib und Seele zusammen«, und danach wurde die Kantine erfunden. Kantinenessen hält gar nichts zusammen. Man geht aus dem Elend des Büros in das Elend der Kantine. So wie Leute aus Litauen vielleicht mal nach Lettland fahren und sagen: »Ah, guck, hier ist auch scheiße!«

> **Ernie:** Früher hat die Mama für mich oft vorgekocht und eingetuppert. Ich hab im Keller immer noch Quitten aus den 90er Jahren. Aber jetzt muss ich auch oft in die Kantine, und da vermisse ich meine Mutter am meisten …

Überraschungen sind die Kirschen auf dem drögen Sandkuchen des Bürolebens.

Es ist manchmal leichter, Leben in einen Friedhof zu bringen, als Stimmung ins Büro. Und doch müssen Sie es immer wieder versuchen. Feiern Sie! Feiern im Büro sind ähnlich wie Junggesellenabschiede. Alle wissen, danach wird's wieder furchtbar, aber man hat noch mal die Chance, die Sau rauszulassen. Deswegen nutzen Sie jede Möglichkeit, die sich bietet, eine Feier vom Zaun zu brechen. Heute hat der heilige Pangasius Namenstag, der (*frei erfundene*) Schutzheilige aller Angestellten! Lasst uns ein Bier aufmachen! 900 Tage ohne Arbeitsunfall! Lasst uns ein Bier aufmachen! Der Supermarkt gegenüber hat Bier im Angebot! Lasst uns eins davon aufmachen!

Wenn Deutschland so viele Berge hätte wie Vorschriften, wär das ganze Land voll Alpen.

Es gibt für alles Vorschriften. Für die Lichtquellen im Büro. Oder die Entfernung zwischen Computer und Augen. Für die Anzahl der Durchschläge bei Schadensmeldungen oder die Anzahl der Nackenschläge bei Auszubildenden. Das eine sind null, das andere sind zwei. Hab ich mal durcheinandergebracht und einem Azubi leicht eine gezimmert. Und dann noch eine. Gab Ärger.

Wer viel sitzt,
muss viel laufen.

Das Wichtigste für den Büroarbeiter ist, sich einen körperlichen Ausgleich zu holen. Ich zum Beispiel mache viel auf dem Balkon, oder ich mache Sport. Wollte ich jedenfalls schon oft. Aber ich bin aus dem letzten Verein rausgeflogen wegen unterschiedlicher Auffassungen, wann ein Mann in die Frauenumkleide kommen darf.

> **Ernie:** Das Büro macht dich körperlich kaputt. Ich habe keinen ergonomisch geformten Po, deswegen hatte ich immer Schwierigkeiten mit den Sesseln. Jetzt habe ich einen Sitzball.

Weiterbildung ist das Salz in der Suppe deiner Arbeit.
Zu viel Salz, und du kannst die Suppe ins Klo kippen.

Salz sollte man sehr sparsam einsetzen. Ich war auf einem einwöchigen Computerlehrgang. Sehr interessant. Ich habe zum Beispiel eine Frau aus Frankfurt kennengelernt. Knick knack. Also fast. Und wenn man Strg Alt und noch eine Taste drückt, wird der Bildschirm anders ...

Ulf: Fortbildungen? Sind für mich wie Duftkerzen. Jeder richtige Mann lässt automatisch die Finger davon. Ein richtiger Mann guckt ja auch nicht in Gebrauchsanleitungen oder fragt nach dem Weg. Wenn man was nicht weiß, fummelt man so lange rum, bis es passt, oder man ignoriert das Problem, bis es von selbst verschwindet ...
Klar war ich schon auf Fortbildungen. Keine Ahnung mehr, wofür. Ich hatte ja in der Schule auch Französisch und konnte vor drei Jahren in Frankreich trotzdem nicht mal ein Baguette bestellen.

Tanja: Wenn ich das schon höre! Fortbildungen sind wie Duftkerzen! Ich hab beides, und beides hat mir sicher nicht geschadet. Im Gegenteil. Die meisten Chefs sind emotional auf dem Stand von Steinen. Darüber sollte man mal eine Fortbildung machen! Gut, ich hab mal ein paar Smileys hinter eine Abmahnung gemacht. Das würde ich heute auch nicht mehr tun, aber man muss ganz bestimmt nicht gleich so sein wie Stromberg, um erfolgreich zu sein ...

Todesliste

Bernd Strombergs Todesliste

Ganz so schlimm ist es nicht, aber ich wollte Ihre volle Aufmerksamkeit. Denn natürlich ist im Büro nicht nur eitel Sonnenschein und Feierei.

Ich habe im Folgenden ein paar Begriffe aufgelistet, bei denen Sie so hellhörig werden sollten, als wenn Ihre Frau nach zwanzig Jahren Ehe plötzlich sagt: »Ich liebe dich.« Da ist äußerste Vorsicht geboten, denn entweder wird es gleich richtig teuer oder sie hat Scheiße gebaut. So in etwa ist es auch im Büro, wenn Ihnen einer der folgenden Begriffe über den Weg läuft:

- **Unternehmensberater**

Wenn Tauben die Ratten der Lüfte sind, sind Unternehmensberater die Ratten des Büros. Von denen kommt nie was Gutes, sondern meist nur Vorschläge, wie alles anders werden soll. Überhaupt misstraue ich allem, wo hinten -berater dranhängt. Steuerberater, Eheberater (Gott, die Biggi hat mich mal zu so was geschleppt: Da hieß es, glaube ich, ich würde nicht richtig zuhören oder irgendwie so was. So genau hab ich damals nicht aufgepasst, weil ich ja eh weg wollte von der Alten).

Aber diese Schlipsträger wollen in der Regel die »Effektivität verbessern«, und das ist am Ende nur Fachchinesisch für: »Ihr müsst alle mehr reinhauen!«

• Assessmentcenter

Wie Karneval, nur ohne Verkleiden, wie Doktorspiele, nur ohne Doktor. Gestandene Arbeitnehmer sollen sich da an einen Tisch setzen und so tun, als wären sie ein Bewerber oder eine renitente Mitarbeiterin. Wenn ich auf so eine Scheiße Lust hätte, wäre ich ja Schauspieler geworden ...

• Elternzeit

Auch eine ganz feine Sache. Leute, die privat in ihrer Freizeit Blagen in die Welt setzen, wollen, dass die Firma das ausbadet. Demnächst überfalle ich eine Bank und schicke dann einen von meinen Leuten in den Knast. Ist aber alles vom Gesetzgeber abgesegnet und sogar erwünscht. Aber der Gesetzgeber will ja auch Dosenpfand, Fernsehgebühren oder Kirchensteuer. Der Gesetzgeber ist ein Vollpfosten.

• Kompetenz

Eine Modeerscheinung, wie Minipli. Wollte auch 'ne Zeitlang jeder haben, heute ist es allen peinlich. Ich weiß heute schon, wie sich in ein paar Jahren alle dafür entschuldigen werden, dass sie jetzt so darauf rumhacken, man soll gefälligst Ahnung haben ...
Es ist wie beim Sex. Auf jeden echten Orgasmus kommen locker drei vorgetäuschte. Schadet das? Nein. Und so ist es bei Ahnung auch. Auf jeden Fall, wo ich Bescheid weiß, kommen locker drei Fälle, wo ich Ahnung nur vortäusche ...

• IT

Abkürzung für Idiotentruppe. Leute, die mit Frauen nix gebacken kriegen, interessieren sich für Computer. So sieht's aus. Ja, ja, Outlook, Excel, Intranet, alles gut und schön, aber das wichtigste technische Hilfsmittel im Büro ist immer noch der gute alte Flurfunk. Wer mit wem, wann kommt was, wo wird's wichtig, und so weiter. Das ist zehnmal nützlicher als Powerpoint. Es ist ja auch der tiefere Sinn von Betriebsfeiern, am Ende Material zu haben gegen die Arschlöcher aus den anderen Abteilungen. Wenn es dann heißt: »Herr Stromberg, wo bleiben Ihre Quartalszahlen?«, kann ich immer sagen: »Ich weiß, mit wem Sie auf dem Sommerfest in der Erdbeerbowle versunken sind.«

• E-Mails

E-Mails sind wie Drogen: Wenn sie in die falschen Hände geraten, kann es richtig Ärger geben ... Deswegen muss man aufpassen, an wen man sie weiterleitet. Ich habe mal eine Mail über die Bekämpfung der Tuberkel an die Tuberkel[1] selbst weitergeleitet. Das ging als Schwarzer Dienstag in meine persönliche Geschichte ein ...

• Powerpoint

Powerpoint heißt: Ich hab keine Idee, das aber in sehr vielen Farben. Für mich ist Powerpoint Quatsch mit Soße auf Folien. Wenn es nur um die Präsentationsform geht, lasse

1 »Tuberkel« war der Spitzname von Strombergs alter Chefin Tatjana Berkel

ich demnächst meine Quartalszahlen von einem Kinderchor singen. Ist doch wahr! Powerpoint! Gottogott! Da geht's nur um die Verpackung! Wie sagte schon Dr. Helmut Kohl: »Wenn du nur Saumagen anbieten kannst, sieh wenigstens zu, dass der Teller schön ist.« Für mich einer der klügsten Köpfe, die Deutschland je hatte. Und meinen Sie, der hat die Wiedervereinigung auf Powerpoint vorbereitet? Ich denke, nein.

• Businesspläne

Der Weg zur Hölle ist mit Präsentationen von Plänen gepflastert. Es gibt sogar eine Abkürzung in Luzifers Reich, und die besteht aus Businessplänen. So was können Sie alles getrost vergessen wie der alte Herr Alzheimer den Namen seiner Krankheit. Nehmen Sie die Probleme, die im Job auf Sie zukommen, wie die alte Hafennutte die Jüngelchen vom Schulschiff: Schön eins nach dem anderen. Einen Satz können Sie sich gar nicht groß genug ins Büro hängen: Es kommt immer anders.

• Meetings

Meetings verlaufen meist wie ein *Tatort*: totenöde, und man weiß immer schon, wie's ausgeht. Deswegen ist es gut, da mal was Überraschendes zu machen, zum Beispiel einfach nicht hingehen. Und dann gucken Sie mal, wann das auffällt ... Willst du gelten, mach dich selten. So ist das. Das, was es immer gibt, will am Ende keiner mehr haben. Jeden Tag Brot, da sagen alle, geh mir weg mit Brot. Aber wenn's mal Lachs gibt, heißt es: »Ah, Lachs!« Ich bin quasi der Lachs der Meetings.

• Umstrukturierung

»Neu« und »gut« gibt's im Büro in dieser Kombi so oft wie »leicht« und »gesund« beim Schweinebraten. »Umstrukturierung« heißt der Fachbegriff für »alles anders, und zwar schlechter«. Wann immer die von ganz oben der Meinung sind, dass es wieder Zeit ist für »Verbesserungen«, kann man sich sicher sein, dass erst mal eine Weile nichts klappt, bevor dann alle klammheimlich alles so machen wie immer.

Wir haben zum Beispiel vor kurzem ein neues Betriebssystem bekommen. So viel Geld wurde zuletzt verbrannt, als die *Hindenburg* in Flammen aufging.

• Coaching

Klingt wie eine Stadt in China. Gemeint sind aber Ratgeber. Als Mensch oder Buch, und man weiß nicht, was schlimmer ist ...

Managementbücher sind gedrucktes Burn-out. Beides hat jetzt jeder, der irgendwie was mit Büro zu tun hat. Aber natürlich bringt es ja nix, wenn ein Metzger ein Kochbuch für Vegetarier schreibt. Bücher insgesamt bringen eigentlich nix. (Ich mochte »Die kleine Raupe Nimmersatt«, aber wirklich gebracht hat es mir für mein Leben null.)

Ist ja auch klar, man muss sich nur mal angucken, wer solche Karriereratgeber schreibt: Loser. Schön in seinem Schlaustübchen sitzen, bei einem Glas Wasserschorle, um dann den Leuten an der Front zu sagen, was Ambach ist! Nein, danke. Wenn die ganzen Karriereratgeber was bringen würden, gäb's ja nicht so viele Versager.

- **Aufmerksamkeit**

Aufmerksamkeit ist wie Homöopathie – bringt nix, macht aber ein gutes Gefühl. Jeder Kunde ist der wichtigste Kunde, auch der unwichtigste Kunde. Dieses Gefühl kann ich den Leuten vermitteln. Und darum geht's. Ja, wir zahlen nicht, aber wir haben uns lange damit beschäftigt, warum. Diese Aufmerksamkeit schafft Kundenbindung. Und so behandle ich auch meine Mitarbeiter. Natürlich kann jeder Vorschläge machen … zu jedem Thema. Das ist wie in Onlineforen schreiben. Man hat mal seine Meinung gesagt, und das tut gut. Es bringt natürlich nichts, aber es tut gut.

- **Phantasie**

Phantasie gehört so wenig ins Büro wie die Türkei in die EU … bzw. irgendwas, was eben nicht zusammenpasst. Ich hab jetzt das Erstbeste genommen, was mir einfiel, denn Phantasie hat in einem Büro einfach nichts verloren. Mein Passwort ist *Passwort*. Fertig, aus. Es war mal *Schmusebacke123*, aber wenn man das einmal laut sagen muss, weil der IT-Mensch einem die Festplatte rettet, wo Himbeerjoghurt reingelaufen ist (wie das passiert ist, ist eine andere lange Geschichte), dann achtet man darauf …

- **Kreativität**

Kreativität ist im Büro so wichtig wie eine Seilbahn beim Bergsteigen … Sie erleichtert den Aufstieg. Gerade wenn es schwierig wird. Wenn man kreativ ist, kann man die Augen zumachen, und schon klingt Regen wie Applaus, deswegen schließe ich bei Regen oft die Augen und denke, dass meine

Leute mir zujubeln ... manchmal schlafe ich auch dabei ein, und wenn ich die Augen wieder aufmache, ist schon Mittag oder ich sehe, dass einer von meinen Graupen vor meinem Schreibtisch steht und wieder irgendwas will ...

- **Empathie**

Empathie ist für mich ein Fremdwort. Für jeden anderen auch, denn es ist schlicht und ergreifend ein Fremdwort. Es bedeutet, dass man sich in andere reinversetzen kann. Und das ist ganz wichtig als Chef. Und das kann ich. Ich kaufe zum Beispiel jedes Jahr die Weihnachtskarten, die diese Leute mit den Füßen malen. Wirklich scheußliche Dinger, aber nutzt ja nix. Die sind für einen guten Zweck, und verschicken tu ich die eh nur an Verwandte. Da ist es letztlich wurscht. Es zeigt, dass ich ein gutes Herz habe. Das kann man aber auch auf Deutsch sagen.

- **Motivation**

Noch so ein Fremdwort ... Ich muss der Sonne auch nicht jeden Tag einen Strauß Blumen schicken, damit sie ihren Job macht. Die quält sich jeden gottverdammten Morgen an den Himmel und strahlt. Und das erwarte ich von meinen Leuten auch. Da draußen gibt es genug Leute, die froh wären, wenn sie einen Job in der CAPITOL hätten. Und ich glaube nicht, dass die Leute in Bangladesch oder Mecklenburg je über Motivation nachgedacht haben ...

• Talent

Talent ist für die Karriere eine größere Behinderung als eine Behinderung. Wenn dir ein, zwei Beine fehlen, ist das im Büro kein Problem, du sitzt ja eh meistens, und die anderen bedauern dich, nehmen dir Arbeit ab, und du kriegst noch eine Betriebsrente. Aber wenn du Talent hast, sind alle neidisch, keiner hilft dir, und die Arbeit bleibt an dir kleben wie Fliegen am Honigtopf. Glauben Sie mir, ich weiß, wovon ich rede. Wenn ich die Wahl hätte zwischen meinem Organisationstalent und einem Klumpfuß, wüsste ich aber, was ich lieber hätte.

• Argumente

Argumente sind für Phantasielose. Wer nicht in der Lage ist, Leute emotional auf seine Seite zu ziehen, greift oft genug in die Trickkiste und kommt mit Argumenten. Davon halte ich nichts. Tatsachen sind meist nüchtern, und nüchtern ist selten ein Zustand, in dem Leute gut drauf sind. Ein guter Chef kommt gänzlich ohne Argumente aus. Er schafft einfach nur eine gute Atmosphäre. Was der Rattenfänger von Harlem[2] für Ratten war, bin ich für Leute. Ein Leutefänger. Das kann man allerdings nicht lernen. Leute fangen ist ein Talent.

2 Der Rattenfänger kommt natürlich aus Hameln. Aber mit Argumenten kann man Bernd Stromberg eben nicht kommen.

- **Work Life Balance**

Work Life Balance – drei Fehler in einem Begriff. Ist der neuste Schrei und klingt in meinen Ohren schriller als der von Tarzan. Auf Deutsch heißt das in etwa, dass man neben der Arbeit auch noch was vom Leben haben soll. Stellen Sie sich mal vor, es käme jemand zu Ben Hur und sagt: »Was ist denn eigentlich mit deiner Work Life Balance – die kippt ja ganz schön übel weg hier auf der Galeere?!« Ich meine, was denken sich die Leute eigentlich, die solche Begriffe erfinden? Dass das Leben außerhalb vom Büro immer so eine feine Sache ist? Was glauben die, warum es so viele Scheidungen, Alkoholiker und Depressive gibt?

- **Generation Y**

Jung, doof und Spaß dabei ... Der aktuellen Jugend geht es um Spaß im Beruf, heißt es seit neustem. Ich sag mal so: Jever Fun ist Bier ohne Alkohol. Also wenn die unter Spaß verstehen, das Wichtigste einfach wegzulassen, dann Glückwunsch. Dann kann ich auch heiraten, ohne jeden Tag dieselbe Frau sehen zu müssen. Wer das für möglich hält, glaubt aber auch, dass er in 30 Tagen Italienisch lernt, im Schlaf abnimmt und Supermodels sogar Buchhalter vögeln, solange die nur reichlich Humor haben. Früher nannten wir das Traumtänzer, heute eben Generation Y. Wer Bretter will, muss Äste hobeln. Das nutzt nix. Mit Tanzen, Twittern, Partymachen komm ich am Ende nicht weiter.

• Home Office

Heißt, das Büro ist total modern und steht zu Hause, im Park oder im Biergarten. Das bedeutet, Sie müssen noch nicht mal eine Ausrede erfinden, wenn Sie sich nach dem Mittagsschlaf mal ein Stündchen hinlegen. Wobei das auch schon nicht mehr das modernste Büro ist. Das modernste Büro hat nämlich jetzt vier Wände, einen Schreibtisch und einen Festnetzanschluss mit geregelten Arbeitszeiten in einer Firma. Davor war das moderne Büro immer mal woanders, oder im Großraum oder am Stehpult, oder, oder. Modern ist ja jeden Tag was anderes. Meetings waren mal im Stehen, oder mal völlig überflüssig, oder das Rückgrat des Geschäftslebens. Je nachdem. Wenn Sie da mithalten wollen, haben Sie im Prinzip schon einen zweiten Job, damit Sie überhaupt Ihren ersten machen können. Dabei gibt es Grundgesetze fürs Büro, die dauerhaft gelten:

1. In den Augen der Angestellten ist der Chef ein überbezahlter Vollidiot.
2. In den Augen des Chefs sind die Angestellten überbezahlte Vollidioten.
3. Donnerstag ist Schnitzeltag.

Zwischen diesen Grundpfeilern findet Büroleben statt. Ob in Gleitzeit, Jobsharing oder outgesourct, schnurzpiepe. Gut, es gibt noch zwei weitere Grunderkenntnisse:

1. Die guten alten Zeiten waren auch schon scheiße.
2. Es wird nie besser, nur anders.

Sobald Sie das mal kapiert haben, wissen Sie, was auf Sie zukommt, wenn Sie montagmorgens aus dem Bett steigen.

• Kunde

Der Kunde ist für die Firma wie der Nerz für den Nerzmantel. Eine gewisse Voraussetzung, aber natürlich hat keiner Lust, sich wirklich mit ihm zu beschäftigen, denn eigentlich geht es darum, ihm irgendwann das Fell über die Ohren zu ziehen.

In der freien Wildbahn ist so ein Nerz ja auch nicht rasend nützlich. Eher im Gegenteil. Oder, um es anders zu sagen: Kunden und Kinder unterscheiden sich in nichts vom Grad der Lästigkeit. Beide kosten Geld, nehmen keine Rücksicht und dürfen seit neustem auch nicht mehr geschlagen werden.

Wie man in den Kunden hineinruft, so ruft er auch zurück – oder schreibt Mails. Deswegen bemühe ich mich immer um einen vorbildlichen Umgang mit den Kunden, höflich, zuvorkommend und nett. Beziehungsweise delegiere ich Kundengespräche an Mitarbeiter. Wer delegiert, kann selbst nichts falsch machen. Und gerade Kunden sind oft lästiger als Wespen beim Pflaumenkuchen.

»Lügen haben kurze Beine« ist eine Lüge.

Sonst säßen in der Führungsetage ein Haufen Kickerfiguren. Gerade in Führungsetagen wird mehr gelogen als in Beichtstühlen. Das fängt schon beim »Guten Morgen« an und bei diesem verlogenen Grinsen, was alle da haben. Und das wissen natürlich auch alle. Insofern haben Lügen gar keine Beine. Auf so einem Rollbrett kommen die ins Meeting. Das aber immer und immer wieder.

Man kann also sagen, dass der Volksmund einfach keine Ahnung von Büro hat.

Das Internet ist für jemanden, der arbeiten will, wie der Geruch von gebratenem Speck für jemanden, der fasten will.
Es macht es unmöglich …

Ich habe im letzten Jahr grob gerechnet drei Monate am Stück bei YouTube verbracht. Von den 18 Millionen Klicks für den niesenden Panda bin ich allein für ungefähr 2000 verantwortlich ... es ist einfach zu und zu lustig! Ich hab aber auch Filmchen mit Bürounfällen geguckt, insofern zählt es fast als Fortbildung.
Wer heutzutage nicht im Internet ist, hat bei der Jugend gar keine Chance, und das kann der Arbeitgeber nicht wollen, denn die Jugend ist unsere Zukunft. Deswegen ist letztlich auch der niesende Panda unsere Zukunft.

**Wenn jemand in einer Besprechung
die Wahrheit sagt,
ist es so, als ob jemand bei
einer Beerdigung rülpst.**

Es irritiert, weil es nicht vorgesehen ist ... überhaupt ist die Wahrheit ein seltener Gast im Büro. Man sagt eigentlich immer nur das, was der hören will, der den Termin angesetzt hat. Ich hab in jungen Jahren ein-, zweimal die Wahrheit im Büro gesagt. War ein Erlebnis wie gegen einen elektrischen Weidezaun zu pinkeln. Aufregend, ja, aber man muss es nicht zwingend wiederholen.

Das Gegenteil von reden ist nicht zuhören, sondern warten, bis man selbst wieder zu Wort kommt …

… das gilt insbesondere für Meetings. Die anderen sind schon wichtig, aber eben als Publikum. Im Theater erwartet Hamlet ja auch nicht, dass das Publikum ihm auf sein »Sein oder nicht sein« eine Antwort gibt. Die sollen ihm gefälligst bei seinem Monolog zuhören und am Ende klatschen. Das ist in etwa auch die Haltung, die bei Meetings gilt …

Hauptsache, man lässt sich durch Fakten nicht ins Bockshorn jagen.

Früher war man ganz, ganz sicher, dass sich die Sonne um die Erde dreht. Dann hat Einstein mal genauer hingeguckt und gesagt: »Kinder, das ist alles doch eher relativ«, und schon sah die Welt anders aus. Solche Beispiele gibt es Dutzende. Der Yeti ist ausgestorben. Ach ja? Dann fragt mal Reinhold Messner.

Butter macht dick, Atome sind unteilbar, die Italiener können arbeiten. Lauter Sachen, wo man früher Stein und Bein drauf geschworen hätte, sich aber heute gar nicht mehr so sicher ist. Und ausgerechnet im Büro soll es nur eine richtige Art geben, Unterlagen zu bearbeiten? Ich denke nicht.

Bullshit

»Bullshit« ist Englisch für »Firlefanz« ...

Den »workflow« optimieren heißt schlicht und ergreifend, dass die Linke nicht weiß, was die Rechte tut. »Brief mich mal fürs Meeting« heißt, Sie haben einfach Ihre Hausaufgaben nicht gemacht.
Wenn es Scheiße regnet, können Sie es auch shitstorm nennen, aber das Ergebnis ist dasselbe. Insofern: Quatschen Sie nicht um den heißen Porridge herum, sondern reden Sie Klartext.
Es sei denn, Sie haben keine Ahnung. Dann:

Setzen Sie Fachbegriffe so ein wie der Tintenfisch die Tinte!

Klartext ist immer gefährlich. Darauf kann man später festgenagelt werden! Wischi und waschi sind natürlich sicherer als ja und nein. Dabei helfen Fachbegriffe nun wiederum außerordentlich. Wissen Sie, was sich hinter »dedizierten Teams« verbirgt, die »performen« oder ein »learning« haben? Natürlich nur heiße Luft. Aber wer will das schon zugeben? Natürlich keiner, und damit haben Sie gewonnen. Zumindest Zeit. Und darum geht's ja. Die können Sie nutzen und das Problem auf jemand anderen abwälzen, respektive:

- **Outsourcen**
  Das heißt, ich sehe, wo der Schmutz ist, aber saubermachen muss die Putzfrau, weil ich gar nicht weiß, wo der Besen steht ...

- **Guidance**

So was wie die Kompassnadel, die auch keine Ahnung hat, wo's langgeht, aber automatisch eine Richtung anzeigt …

- **Controlling**

So was wie Stasi mit Zahlen. Schlaumeier, die immer alles besser wissen, ohne jemals was selbst zu machen. Mit denen muss man sich gutstellen …

- **Aufgleisen**

Macht sich immer gut, vor allem, wenn man »sauber« aufgleist. Heißt gar nichts, außer dass man jetzt mal was anfangen will.

- **Win win**

Klingt wie der koreanische Fußballnationaltrainer, heißt aber, dass das für alle Beteiligten eine prima Sache ist. Ist also gelogen. Super für jeden gibt's so wenig wie die Frau, die immer will …

- **Committen**

Ist Englisch für »Da simmer dabei, das ist prima!«, klingt dadurch automatisch so, als hätte man länger darüber nachgedacht. Natürlich auch Mumpitz.

- **Asap**

Oder, noch besser asapst, abgekürztes Englisch ist noch besser als normales Englisch. »As soon as possible« ist natürlich genau so lang wie »so schnell wie möglich«, aber Champagner klingt ja auch besser als

Schaumwein. Und wenn das eigene Zeitfenster auf kipp steht, muss man zeitnah reagieren.

Wenn Sie wirklich weiterkommen wollen, setzen Sie eher auf klassische Tugenden. Wie zum Beispiel: Verhandeln, denn:

Verhandeln ist eine Kunst. Wie Malen. Nur nützlicher.

Malen ist ja nun wirklich komplett unnütz, seit man Bilder auch fotografieren kann. Und was da bei uns unten im Foyer an »Kunst« aufgehängt wurde, du liebes Lieschen! Da hat man das Gefühl, zwei unbegabte Siebenjährige haben sich einen schönen Nachmittag mit Fingerfarben gemacht. Verhandeln mit Kunden dagegen muss man jahrelang trainieren, das kann kein Siebenjähriger. Selbst ein hochbegabter nicht. Da geht es um Nuancen, um Feinheiten. Wie muss der Tisch beschaffen sein, über den ich den Kunden ziehen kann? Jetzt mal im übertragenen Sinne. Da hätte ich Picasso mal sehen wollen, in aller Bescheidenheit. Ich denke, da hätte auch Rubens ordentlich verkackt. Wobei der wenigstens noch vernünftig malen konnte ...

Capitol
3er -
schäden
M-O
2007
P-R
2013

Strategisch denken!
Mittelfristig planen!
Und von zwölf bis Mittag ist nicht mittelfristig.

Wenn du heute fest im Sattel sitzt, kann es sein, dass du morgen schon kein Pferd mehr hast. Erfolg hat mittlerweile eine kürzere Halbwertzeit als Erdbeerjoghurt. Das kennt man ja aus dem Fernsehen. Wer im Mai noch Superstar ist, steht im Oktober oft schon wieder hinter der Käsetheke im Supermarkt. Insofern bringt es nichts, den kurzfristigen Erfolg anzupeilen, um dann wieder mit Karacho auf den Arsch zu fallen. Wer sich länger halten will, sollte sich bemühen, schön unter dem Radar zu bleiben. Nur dabei statt mittendrin. Denn nur sicher ist sicher.

Büro verlangt ein gewisses Outfit. Soldaten kämpfen auch nicht im Schlafanzug.

… und im Stringtanga verkaufst du keine Haftpflicht. Das ist eine altmodische Haltung, das ist mir schon klar. Heute rennen die jungen Leute ja so rum, dass man oft nicht weiß, ist der jetzt obdachlos oder macht der was mit Computern. Aber ein gewisses Maß an Seriosität ist im Büro leider nötig. Moses ging auch nicht in Turnschuhen die Zehn Gebote abholen, und Kolumbus hat nicht in Badehose Amerika betreten. Das ist eine Frage des Respekts. Klar, Bill Gates hatte nicht mal eine Frisur, als er das Internet erfunden hat, aber das war eben auch in einer Garage und nicht im Büro …

Das wichtigste Teil bei der Arbeitskleidung ist die Kappe.

… und zwar die Kappe, auf die Sie alles nehmen. »Das nehme ich auf meine Kappe« ist ein wichtiger Satz. Er klingt gut und bewirkt, dass alle Respekt vor Ihnen haben. Donnerwetter, das nimmt der Chef auf seine Kappe. Dass es sich dabei um eine Tarnkappe handelt, mit der Sie sich unsichtbar machen können, wenn es Ärger gibt, müssen Sie ja niemandem auf die Nase binden.

Aufrichtigkeit im Büro ist wie eine Horde Pinguine am Nordpol.

Soll heißen, wenn man denkt, man hat sie gesehen, ist man nur schlecht informiert. In Wirklichkeit ist es einfach der falsche Lebensraum. Von der Natur nicht vorgesehen. Wahre Liebe sucht man ja auch nicht im Puff oder in der Ehe. Und wenn das klar ist, weiß man auch, wie man es einzuschätzen hat, wenn mal wieder ein »Kollege« sagt: »Hat mir gut gefallen, was Sie da neulich gesagt/getan haben«, »Ich fand schon immer, dass Sie das hervorragend machen«, »Ich schätze Sie sehr«. Alles Pinguine!

Fair kommt weiter.
Ja sicher.
Der Klügere gibt ja auch nach.

… und zwar, bis er der Dumme ist. Fair kommt natürlich nicht weiter, höchstens weiter ins Abseits. Deswegen steckt ja auch Fair in Fairlierer, also Verlierer, falls der ein oder andere Loser das jetzt nicht fairstanden hat. Es steckt jedenfalls nicht in Fairsicherung. Das kann ich Ihnen versichern. Wir arbeiten hier mit mehr Tricks als David Copperfield, und zwar nicht aus Spaß an der Freude, sondern weil uns die Quartalszahlen im Nacken sitzen. Jedem Einzelnen. Und hier wie überall ist sich jeder selbst der Nächste. Und den soll man ja bekanntlich lieben wie sich selbst!

Nur in der Wüste ist Platz für alle ...

Im Paradies gab's dagegen gerade mal zwei Leute! Und schon das brachte Ärger. Was das für den Job heißt, können Sie sich leicht an einem Finger ausrechnen. Natürlich brauchen Sie ein Team und Kollegen und bla bla. Aber innerlich, mental, müssen Sie Einzelkämpfer sein. Der Adam, der clever genug ist zu sagen: »... feine Sache, das mit dem Apfel, liebe Eva ...«, und dann dem lieben Gott über drei Ecken die Info zukommen lässt, wer es mit den Vorschriften wieder nicht so ganz genau genommen hat.

Perfektion anstreben ist wie Einhörner züchten – man kann's versuchen, aber man weiß ja schon vorher, wie die Chancen stehen.

Es ist gerade bei der Arbeit reine Energieverschwendung. Es bringt nichts, und ich lasse instinktiv alles, was nichts bringt. Das reduziert die Arbeit und den Frust. Selbst wenn's klappt. Wer will am Ende schon Perfektion? Oder ein Einhorn. Letztlich ist beides eigentlich ein, zwei Tage nett, und dann liegt's in der Ecke. Man kennt das ja. Insofern rate ich von Perfektion im Allgemeinen ab.

Schönheit trifft man im Büro so selten wie Steuerehrlichkeit in Griechenland.

Zu Hause macht man sich einen Riesenkopf um jeden Quatsch, den man sich in die Bude stellt, und im Büro, wo man den größten Teil seines Lebens verbringt, sieht es immer aus wie bei Oma unterm Rock. Hier mal eine olle Pflanze, da mal 'ne alte Postkarte. Aber am schlimmsten sind die Kollegen. Da sind ja teilweise Gesichter dabei, wo selbst Picasso sagen würde: »Boah, das ist mir jetzt aber zu abstrakt!« Und da haben wir noch nicht über Gerüche gesprochen.

Ernie: Schweiß und Arbeit gehören für mich zusammen, das ist bei mir genetisch ... ich habe eine Zeitlang mit Damenslipeinlagen unter den Armen gearbeitet, was mir dann aber offiziell verboten wurde ...

Bei Mängelvertuschung von Frauen lernen: das Wonderbra-Prinzip.

Männer stehen zu ihren Fehlern, und das ist grundfalsch. Eine Frau zum Beispiel gibt ja nicht zu, dass sie in der Oberweitenlotterie eher eine Niete gezogen hat, sondern sie kauft sich einen Mogel-BH. Fällt die Schummelei nicht irgendwann auf? Ja sicher, aber dann hat sie den Typen schon im Schlafzimmer, mit etwas Glück ist es dunkel oder er denkt: »Komm, egal, jetzt bin ich schon mal hier …«, und bums. Und nur so geht's! Also, überlassen Sie das Schummeln nicht den Frauen! Sie haben den Quartalsbericht nicht vermurkst, sondern »kreativ interpretiert«. Wer will schon was gegen Kreativität am Arbeitsplatz sagen?

No go ist kein Staat in Afrika.

... sondern ein englischer Fachbegriff für Sachen, die Sie vermeiden sollten. Dass es dafür mittlerweile schon einen Fachbegriff gibt, zeigt, wie wenige Leute sich daran halten. Die meisten machen schon in den ersten Tagen im Büro eine schöne Arschbombe in eines der bereitgestellten Fettnäpfchen. Hier ist meine persönliche Hitliste:

- **Fröhlichkeit**
  Dafür besteht kein Grund, die anderen sind auch nicht fröhlich. **Sie sind nicht als Knallbonbon gebucht, sondern als Arbeitskraft.** Und gerade wenn Sie so fröhlich anfangen, ist die Chance groß, dass Sie das nicht länger als ein paar Tage durchhalten. Das zieht alle anderen noch mehr runter, weil sie jetzt denken, der Laden hat Sie binnen kurzer Zeit so deprimiert, dass Sie Ihre ganze Fröhlichkeit verloren haben.

- **Mitbringsel**
  Sie landen ja auch nicht in Bagdad und schreien: »Ich hab Mett und Bibeln!« Warten Sie erst mal ab! Gucken Sie, was die anderen so machen. Wenn Sie gleich mit Selbstgebackenem reinkommen, ist die Gefahr groß, dass der Chef denkt, Sie hätten zu viel Zeit. Die Männer denken, Sie sind auf der Suche nach einem Mann, und wenn Sie ein Mann sind, denken alle, Sie sind schwul. Lassen Sie das!

- **Freunde**

Der größte Fehler, den man machen kann. **Das da sind nicht Ihre Freunde, sondern Ihre Kollegen. Ein Riesenunterschied.** Selbst Jesus hat sich da vertan. Mit dem Ergebnis, dass ihn einer seiner »Freunde« am Ende für einen kleinen Bonus ans Messer geliefert hat, beziehungsweise ans Kreuz. Jesus sollte Ihnen wirklich Mahnung genug sein.

- **Freizeit**

Fangen Sie bloß nicht an, auch Ihre Freizeit mit den Leuten zu verbringen, die Sie eh schon den ganzen Tag sehen. Das ist wie in einer Ehe. Anfangs finden Sie es noch niedlich, wie er oder sie ist, nach ein paar Jahren regt Sie auf, wie laut er kaut, wie lahm sie tippt, wie blöd er sitzt, wie nervig sie atmet. Und: **Von Kollegen kann man sich nicht scheiden lassen!**

- **Politik**

Politik hat im Büro nichts verloren. Politik finde ich schon im Fernsehen schwierig, geschweige denn im Bundestag, aber im Büro will ich nichts darüber hören. Der Chef will nicht wissen, ob Sie es richtig finden, dass Frauen wählen dürfen, dass Sie für Atomkraft sind, oder gegen Steuern. Er will nicht wissen, wo Sie politisch stehen, er will wissen, wo Sie sitzen. Hoffentlich an Ihrem Schreibtisch, und hoffentlich spielen Sie da nicht Solitair.

- **Fettnäpfe**

Ich weiß, es klingt komisch, das auf einer Liste von No gos zu finden, aber es ist nun mal mein Begriff für dicke Leute. **Vermeiden Sie es, sich gleich mit dicken Leuten anzufreunden.** Ich mag dicke Leute nicht. Wer zu undiszipliniert ist, sich selbst das Essen so einzuteilen, dass er nicht aus allen Nähten platzt, hat auch nicht genug Disziplin, die anfallende Arbeit zu erledigen.

- **Privates**

Klar ist das Menschliche wichtig, aber das ist kein Grund, den Chef mit Privatkram vollzuschwallen. Ob es bei Ihnen zu Hause zieht wie Hechtsuppe, ob Ihr Goldfisch an den Kiemen schimmelt, ob Ihre Jüngste hochbegabt ist, das ist auf meiner Egal-Skala eine glatte Zehn, und Elf ist das Wetter in Usbekistan.

- **Fragen**

Wer nicht fragt, bleibt dumm – schon klar. **Wer fragt, ist aber auch nicht gleich schlau.** »Kann ich ganz kurz was fragen?« »Haben Sie gerade ein Minütchen?« »Passt es Ihnen jetzt?« Das sind alles rhetorische Fragen, denn die Antwort ist immer »NEIN!«. Und wir sind hier auf der Arbeit, wir haben keine Zeit für Rhetorik.

Lass vier und fünfe gerade sein –
das bringt dir Lob von allen ein.

Eine alte Weisheit aus Holland, die ich mir immer zu Herzen genommen habe. Beruflich. Privat bin ich nachtragend. Privat hab ich mich zum Beispiel vor zweiundzwanzig Jahren mit meinem Onkel Karl-Heinz gestritten, über eine Spritkostenbeteiligung, weil ich ihn zur Beerdigung von Tante Hilde gefahren habe. Seither haben wir keinen Kontakt mehr.
Im Job aber verzeihe ich jeden Scheiß knallhart und ratzfatz. Im Prinzip ist alles nach einem Tag vergeben und vergessen, egal, was es war. Ich merk mir nur natürlich die Namen ...

Business ist kein Kreuzworträtsel. Nur da gibt’s auf alles immer eine einzige richtige Antwort …

Nordische Gottheit mit drei Buchstaben ist immer Ase. Feierabend. Wie machen wir mehr Umsatz mit weniger Leuten? Da sind mehrere Antworten möglich. Deswegen ist Business auch nichts, was Sie mal eben zwischendurch auf dem Klo erledigen. Wobei die nordische Gottheit auch Bil sein kann, oder Eir. Je nachdem, da muss man aufpassen. Aber Hauptsache, man hat irgendwie die Zeit totgeschlagen und am Ende das Lösungswort. Insofern ist Business eigentlich genau wie Kreuzworträtsel.

Nennen Sie Vetternwirtschaft nicht Vetternwirtschaft, sondern Nächstenliebe!

Gott hat auch seinen Sohn geschickt und die Stelle als Messias nicht öffentlich ausgeschrieben. Warum sollten Sie es anders machen, selbst wenn es nur um die Besetzung der Poststelle geht? Eben. Beziehungen sind im Beruf das A & O und das B & P, und letztlich können wir da alle Buchstaben durchgehen ...

Büro ist evolutionsfreier Raum: Hier setzt sich nicht der Stärkere durch, sondern der mit den besseren Beziehungen ...

In der Natur undenkbar, dass die Dinosaurier gesagt hätten: »Klar sind wir zu groß und zu doof und nicht anpassungsfähig, aber wir kennen den Schwager vom Vorstandsvorsitzenden der Evolution, deswegen sterben wir nicht aus!« Im Büro ist genau so was an der Tagesordnung ...

> **Ulf:** Wenn man sich anguckt, wie viel Scheiße Stromberg schon gebaut hat, ist es echt ein Wunder, dass der immer noch einen Job hat. Und er kennt noch nicht mal jemanden beim Vorstand ...

Neben dem ganzen fachlichen Gedöns gibt es einen entscheidenden Faktor, der Ihnen das Leben im Büro ordentlich zur Hölle machen kann: Die anderen. Die sogenannten Kollegen.

**Der Kunde ist nicht der Feind,
nur der Gegner.
Der eigentliche Feind sind die
Kollegen ...**

Kollegen sind wie Krebs, den holst du dir auch nicht woanders, der kommt immer von innen. Und deswegen kann dich kein Kunde so fertigmachen wie die Kollegen. Hinter jedem »Mahlzeit!« lauert ja schon die böse Absicht. Wer dir morgens ein »Na, wie geht's?« entgegensingt, haut dir abends vielleicht schon den Tacker in den Rücken.

**Kollegen sind wie Fremde,
die man kennt.**

Kollegen sind jedenfalls nicht wie Familie, denn für keinen einzigen hier würde ich eine Niere spenden. Gut, ich würde jetzt auch für meine Familie keine Niere spenden. Nieren sind eine wichtige Sache. Damit sollte man sorgfältig umgehen und sie nicht einfach an den Erstbesten großzügig verteilen wie Bonbons. Altkleider würde ich vielleicht spenden, aber die tragen meine Leute hier ja sowieso schon ...

Mitarbeiter sollten so sein wie Konservendosen:
Von draußen sollte erkennbar sein, was drinnen los ist ...

Bei jedem Schlemmerfilet reicht ein Blick auf die Packung, und ich weiß: Aha, Fisch, Brösel, Chemie und Aromagedöns. Ein Angestellter kann aber theoretisch drei Jahre in meiner Abteilung sein, und ich hab keine Ahnung, woraus er besteht. 30 Prozent Heimtücke, 70 Prozent Faulheit, zehn Prozent Hinterlist. Es gibt aber auch andere. Deswegen ist es immer gut, sich mit den übrigen Abteilungsleitern auszutauschen, oder den ein oder anderen »Informanten« in der Belegschaft zu haben ...
Grundsätzlich gilt: Der Angestellte ist für die Arbeit wie das Schweineschmalz fürs Schnitzel, es ist nötig, damit es los geht und nichts anbrennt, aber am Ende geht's ums Schnitzel, nicht ums Schweineschmalz. Das löst sich einfach auf, und fertig. Deswegen ist es gut, sich nicht zu viele Gedanken über die »Kollegen« zu machen. Es hilft, wenn Sie wissen, in welche Kategorie Sie die schlechtgekleideten Zellhaufen einteilen müssen, die Ihnen an den anderen Schreibtischen das Leben schwermachen. Ich habe im Folgenden einmal ein paar klassische Typen aufgelistet:

- **Die goldene Kniescheibe**
  Die klassischen Kriecher und Speichellecker, die schon in der Schule immer freiwillig Tafeldienst gemacht haben. Das sind sehr angenehme Kollegen, denn von denen ist kein Ärger zu erwarten. Dieser Typ Mensch macht nur den Mund auf, um Alkohol oder Schokoriegel reinzulassen, aber nicht um gegen irgendwas zu protestieren. Privat natürlich die Pest, aber dafür hat man ja die

- **Kumpeltypen**

Leute, mit denen man lachen kann, zum Beispiel über die klassischen Kriecher und Speichellecker. Leute, mit denen man Pferde stehlen kann oder eine komplette Palette Solartaschenrechner, die eigentlich als Kundenwerbegeschenke gedacht war (*kann ich jetzt hier aufschreiben, ist verjährt*). Fachlich kriegen die oft wenig gebacken, aber dafür hat man ja die

- **Streber**

Leute, die sich echt auskennen, weil sie kein Privatleben haben und sich deswegen mit dem ganzen Krimskrams beschäftigen, der einem jeden Tag auf den Schreibtisch gekippt wird. Es ist wichtig, im Verhältnis zu diesen Kollegen eine gewisse Abneigung deutlich zu machen (»Ich bin Chef, ich beschäftige mich mit dem großen Ganzen, nicht mit dem kleinen Fummligen, wie Sie«), gleichzeitig aber auch eine gewisse Bewunderung zu zeigen (»toll, dass es Leute gibt, die sich mit dem kleinen Fummligen auskennen. Erledigen Sie mal die Anfrage, die von oben reingekommen ist«). Streber sind wie Maulwürfe, eigentlich ganz nützlich, nur lästig, wenn es zu viele werden. Es gibt auch Kollegen, die sind wie Kellerasseln, also nur und ausschließlich unnütz, nämlich die

- **Meckerer**

Leute, die ihre angestellte Nase in Sachen stecken, die sie nichts angehen, und anschließend immer Fragen stellen, warum es so stinkt. Dieselben Leute, die den arabischen Frühling angezettelt haben, sitzen bräsig hinter ihrem Schreibtisch und überlegen, wie sie so was auch im Büro hinkriegen können. Im übertragenen Sinne, denn natürlich haben wir in der CAPITOL keine Araber. Also nicht wegen der Vorurteile, sondern weil sie sich selten bewerben. Was wir hingegen reichlich haben, sind Leute, die im Laufe der Jahre eine Fleißallergie entwickelt haben und den kompletten Tag nicht über einen Ruhepuls hinauskommen, der knapp über dem Gefrierpunkt liegt, die sogenannten

- **Faultiere**

  Leute, die sich wie Geisterfahrer bewegen, sobald ihnen Arbeit entgegenkommt. Leute, die den Stress so meiden wie der Franzose das Deo. Leute, die ihren kompletten Bekanntenkreis nur nach Nützlichkeit zusammenstellen und deswegen immer Ärzte kennen, die einen krankschreiben. Diese Art von Leuten kann einem extrem nützlich sein, deswegen muss man sich gut mit ihnen stellen.

Natürlich gibt es noch wesentlich mehr Kategorien, aber fünf ist eine gute Zahl. Das dachte sich Gott auch bei den Fingern. Klar, es gibt die vier Jahreszeiten, die drei Musketiere und die zwölf Apostel. Mit anderen Worten: Die Fünf ist reine Willkür. Aber so funktioniert Büro. Ganz und gar willkürlich. Wenn Sie das mal verstanden haben, sind Sie schon einen entscheidenden Schritt weiter ...

Duzen ist wie vögeln:
Wenn du es einmal gemacht hast,
können Sie nicht mehr so tun,
als wärt ihr Fremde ...

… wobei duzen kann man auch Männer … sogar leichter … und es ist teilweise viel intimer. Deswegen immer schön vorsichtig sein, wem man so ein Du anbietet. Ein Du kann man schlechter zurücknehmen als eine Beleidigung. Für jedes »Arschloch« kann man sich entschuldigen und sagen »War nicht so gemeint, ich war besoffen, ich hab Sie verwechselt« und so weiter, aber »Eigentlich wollte ich dich weiter siezen« … eieiei … das kommt nicht gut an …

Mitbestimmung ist so sinnvoll wie
Marmelade,
die nach Wurst schmeckt.

Hat der Pharao etwa gesagt: »Leute, habt ihr Bock, die nächsten Jahre dicke Steine in der Wüste zu stapeln?« Natürlich nicht. Da hieß es: »Ich will Pyramiden, klotzt ran!« Fanden die alten Ägypter natürlich blöd. War aber alternativlos. Und viertausend Jahre später haben die da unten deswegen jetzt Tourismus.
Soll heißen: Das Fußvolk nölt eh immer, aber der Chef hat auf lange Sicht oft recht. Auch wenn es manchmal eine sehr, sehr lange Sicht ist, die er selbst nicht mehr erlebt ...

Arbeit und Privates muss man auseinanderhalten wie Dieter Bohlen und Thomas Anders. Es gibt nämlich nur Krach, wenn die zusammenkommen ...

Hier gibt's keine Ausnahmen! Wenn du erlaubst, dass die Leute sich ihren Zalando-Kram ins Büro schicken lassen, hast du ratzfatz einen Schuhladen mit angeschlossenem Büro. Wenn deine Leute privat im Internet surfen dürfen, sitzt die halbe Mannschaft heimlich mit runtergelassener Hose vorm Rechner.
Kurz, wenn aus Mitarbeitern Menschen werden, kannst du deinen Laden bald zumachen. Freiheit ist eine feine Sache für irgendwelche Völker in der Dritten Welt. Im Büro ist es der Anfang vom Ende.

Freiheit macht merkwürdig: Angestellte, Hunde und kleine Kinder brauchen klare Ansagen.

Ein Angestellter ohne klare Ansagen hat zu viel Freiheit. Und zu viel Freiheit führt immer zu merkwürdigem Verhalten. Das sieht man an Leuten, die niemandem mehr Rechenschaft schuldig sind, wie Ludwig II. von Bayern oder Lady Gaga. Beide wären in einem Büro sicher keine Bereicherung.
Insofern ist Freiheit sicher prinzipiell was Schönes, aber das sind Vulkane oder Haie auch, und die will man ja auch nicht in der Buchhaltung haben.

Man darf Leuten nicht auf den Schleim gehen, die sich nur bei einem einschleimen wollen.

Es spricht nichts gegen ein gutes ehrliches Kompliment. »Sie sind der beste Chef aller Zeiten.« Ja, bitte, warum nicht? Oder: »Sie haben Stil, Klasse, Eleganz!« Da sage ich, ja, das ist einfach gut beobachtet, aber ich warne vor Schleimern, die bringen am Ende nix ...

Blut ist dicker als Geld.

Im übertragenen Sinne. Soll heißen: Man darf berufliche Entscheidungen nicht von Geld abhängig machen. Freunde sind wichtiger als Geld, es sei denn, man ist arm, dann hat man in der Regel auch arme Freunde, und dann kann das Leben ganz schnell sehr nervig werden.

Frauen haben einen entscheidenden Nachteil: Sie können jederzeit schwanger werden.

Und zwar durch die Bank jede Frau. Was hatten wir hier schon für Fälle, wo man dachte, komm, die ist sicher, da geht keiner dran, selbst wenn die nach der Apokalypse die letzte Überlebende wäre. Und dann – schwanger. Wobei ich Kinder natürlich mag. Keine Frage, Kinder sind unsere Zukunft. Ich mag nur nicht, wo sie herkommen: aus meinen Mitarbeiterinnen.

**Behinderte sind wie Minen.
Man kann sie nur sehr, sehr
vorsichtig treten.**

Kann jemand, der nicht laufen kann, ein Arschloch sein? Ich denke, schon. Man wird nämlich nicht automatisch nett, nur weil man es schlechter hat als andere Menschen. Wir haben einen Rollstuhlfahrer in der Materialausgabe. Dem kann man auch beim Laufen die Schuhe besohlen, also im übertragenen Sinne, alles geht unheimlich langsam. Was nicht am Rollstuhl liegt, sondern an dieser wahnsinnig bräsigen Art. Aber wenn man mal was sagt, hat man ruck, zuck den Betriebsrat auf der Matte ...

Betriebsräte sind wie Schwimmwesten in der Badewanne.

An und für sich sind Schwimmwesten nämlich auch eine feine Sache, wenn einem das Wasser bis zum Hals steht, aber wenn man nur ein bisschen planschen will, sind sie nicht nur lästig, sondern überflüssig.
Der moderne Angestellte hat mehr Rechte als der Kaiser von China. Wenn ich als Kind schon einen Betriebsrat gehabt hätte, wären meine Eltern nach fünf Jahren entlassen worden. Aber rückblickend betrachtet: Hat mir die Art meiner Eltern im Nachhinein geschadet? Ja, sicher, aber meine Angestellten sind alle erwachsen und sollen sich nicht so anstellen …

Ausländer im Team – heikel, aber unvermeidlich.

Heute, wo schon die komplette deutsche Nationalmannschaft von auswärts kommt, muss man weltoffen sein. Es nutzt ja nichts. Und es ist doch enorm, was wir von anderen Kulturen lernen können. Und umgekehrt. Wir haben zum Beispiel einen Inder in der Abteilung, und dem haben wir erst mal das Kamasutra geschenkt. Jetzt ist er geschieden, aber ich denke nicht, dass das was damit zu tun hat.

Es gibt Leute, die von vorne herein im Büro ein Handicap haben: Akademiker.

Wer viel studiert, der stets verliert ... Wie viele Akademiker braucht man, um eine Glühbirne auszuwechseln? Keine Ahnung. Es gab da so einen Witz, den ich aber jetzt vergessen habe. Es waren jedenfalls eine ganze Menge, weil die von den praktischen Dingen des Lebens einfach mal keine Ahnung haben. Wer immer nur mit Büchern zu tun hatte, kommt mit Akten nicht automatisch klar, und schon gar nicht mit den Menschen, die da dranhängen.

**Randgruppen
müssen integriert werden:
am besten mit Humor.**

Es heißt ja immer, die Deutschen hätten keinen Humor, aber ich für meinen Teil gleiche da locker ein paar spaßbefreite Landsleute aus, sag ich mal ganz bescheiden. Das ist wirklich Teil meines Arbeitsalltags.
Ich verarsche alle gleich, ohne Rücksicht auf Herkunft, Geschlecht und Religion. Außer die Moslems. Die verstehen ja wenig Spaß, und ich hab keine Lust, dass mir da eines Tages einer mit 'nem Sprengstoffgürtel in den Besprechungsraum kommt.

Wenn eine Pizza nur noch aus Rand besteht, dann wird's Zeit, auf Nudeln umzusteigen.

... und das meine ich gesellschaftskritisch. Es gibt ja langsam nur noch Randgruppen. Jeder ist mittlerweile Randgruppe. Lesbisch, dick, moslemisch, behindert ... da frage ich mich, wer ist denn eigentlich noch in der Mitte? Außer mir?

**Humor ist vielleicht nicht
die stärkste Waffe gegen Rassismus
im Büro, aber die lustigste.**

Wobei: Kann man zu einem Schwarzen »Ruhig, Brauner …!« sagen? Ich finde, schon. Die anderen fanden, nicht. Es gab jedenfalls Ärger.

Ernie: Vorher hat er gesagt, in der Kantine gibt es heute Menschenfleisch, extra für dich. Zu dem Schwarzen. Und das stimmte nicht mal. Das war nämlich Freitag, und da gibt's immer Fisch. Und Pudding.

Was wir früher Humor nannten, heißt heute Mobbing.

Jeder hat doch früher auf dem Schulausflug dem Schwächsten Juckpulver in die Unterhose gestreut oder gesagt, »deine Mutter hat angerufen, dein Hund ist tot«. Solche Sachen. Wenn ich heute so was im Büro mache, muss ich es schon anonym durchziehen, sonst gibt's Ärger …

Ernie: Ja, ich werde gemobbt, aber mir hilft das. War immer schon so. Die Abneigung, die mir entgegenschlägt, beflügelt mich. Blanker Hass ist für mich pure Energie … Zum Beispiel bin ich in der Schule mal in den Basketballkorb gesteckt worden, und aus Rache hab ich am nächsten Tag in Mathe eine Eins geschrieben …

Ulf: Wenn Ernie kopieren geht, stellen wir im Kopierer immer »verkleinern Din A5« und »99 Kopien ein« … Das ist kein Mobbing, sondern lustig, weil er immer wieder drauf reinfällt.

**Spaß am Arbeitsplatz
muss entweder ein gewisses Niveau
haben
oder richtig lustig sein!**

Jemand hat mal anonym sein bestes Stück fotokopiert und in die Anlage eines wichtigen Vertrags geheftet. Der ging in den Ostblock. Das gab Riesenärger. Jetzt dachten die da drüben natürlich, das wäre bei uns so üblich, und haben im Gegenzug dann auch einen Arsch geschickt. Das Ganze ging ein paarmal hin und her, und heute haben wir ein sehr gutes Verhältnis. Im Grunde war mein Penis also auch eine Art Völkerverständigung. Zumal er in dem Licht auf dem Kopierer auch deutlich größer wirkte. Aber solche Scherze sollte man immer nur dosiert machen ...

**Im Büro ist der Grat zwischen
»lustig« und »lächerlich«
oft schmaler als eine
Mickey-Mouse-Krawatte.**

Die Clowns im Zirkus gibt es auch nur, damit selbst der Pudeldompteur noch jemanden hat, auf den er herabschauen kann. In jedem Büro herrscht immer auch noch eine Hierarchie innerhalb der Hierarchie. Klar steht der Chef eigentlich oben, aber ob er nicht klammheimlich in der Achtung der »Kollegen« einfach nur der letzte Arsch ist, steht nicht automatisch fest. Vor allem, wenn er lustig ist.

Büro ist Sandkasten mit anderen Mitteln.

Man muss sich auch in Führungspositionen eine gewisse Kindlichkeit bewahren. Das heißt zum Beispiel, wenn die anderen fies sind, kann man sie verpetzen, wer die Schippe hat, kann den anderen auf den Kopf hauen, und Mädchen backen Kuchen, Jungs bauen Burgen. So war es und so ist es und so wird es immer sein.

Tiere im Büro?
Ja, gerne, aber nur in der Kantine.
Als Schnitzel.

Tiere am Arbeitsplatz gehen nur, wenn man Imker ist oder Ziegenhirte. Umgekehrt bringen Tiere ja auch keine Menschen mit in den Zoo ... also schon, aber nicht freiwillig ... jedenfalls sind Tiere Privatspaß, und Spaß hat auf der Arbeit nichts verloren ... wobei, wenn man sich die Weiber hier teilweise anguckt, passt Ziegenhirte auch schon wieder ...

> **Ernie:** Ich hatte mal die Lulu mit ins Büro gebracht. Kurz. Aber das war gar nicht artgerecht. Für sie als Hund. Je länger ich hier bin, desto fester glaube ich, Büro ist nicht mal artgerecht für Menschen.

Jeder hat das Zeug zu allem.

Man weiß manchmal nie, was aus den Leuten noch werden kann. Hätte doch keiner vermuten können, dass jemand wie der Wulff mal Bundespräsident wird. Oder der Gauck. Und wenn so was möglich ist, ist alles möglich. Deswegen immer schön freundlich sein zu allen. Das ist wie mit einem Pferd, wo man vom Pony auch noch nicht weiß, wird es später mal ein berühmtes Rennpferd oder bloß Lasagne …

**Jeder Mitarbeiter ist kostbar,
wertvoll oder
halbwegs einzigartig.**

… und deswegen war mir jeder in Maßen auch immer menschlich wichtig. Ich habe zum Beispiel eine Schweigeminute für die Dings durchgesetzt, die dicke Frau Grönke. Fachlich eine Katastrophe und hässlich wie die Nacht, aber in ihrer Art und Weise natürlich einzigartig. Die hat mal über zwanzig Fehler in einer Schadensmeldung gehabt. Einzigartig. Wir hätten sie eh entlassen müssen … Na ja.

Angestellte sind eben wie Schneeflocken, jede ist anders.

... und sie klumpen schnell zusammen und bilden eine Lawine, die alles unter sich begräbt. Deswegen sind eben letztlich alle Schneeflocken gleich. Sie können einem gefährlich werden, und es macht keinen Sinn, sie auseinanderhalten zu wollen. Mach ihnen am besten so viel Feuer, dass die Flocken gleich wegschmelzen! Im übertragenen Sinne, oder auch nicht.

**Wir sind bei der Arbeit und nicht auf Kuba.
Hier hat jeder Reisefreiheit.
Wem es nicht passt, der kann gehen ...**

Also nörgeln Sie mich nicht voll! Auch wenn Sie das Nörgeln als »Verbesserungsvorschlag« tarnen, als »Anregung« oder sonst wie. Es bleibt Nörgeln. Und das ist was, was ich noch weniger hören will als Volksmusik.
Ich hab den Laden hier nicht erfunden, ich bin letztlich auch nur ein kleines Rad im Getriebe. Wer kein Fleisch mag, soll keinen Braten bestellen. Glück steht nicht im Grundgesetz. Was stattdessen drinsteht, ist: »Irgendwas ist immer. Finde dich damit ab!«

Mitarbeiter, die gehen, sind wie Tierarten, die aussterben: Die meisten werden nicht vermisst.

Wenn sie weg sind, sind sie weg ... Es würden sich ja keine Bürgerinitiativen bilden, wenn jetzt die Filzlaus weg wäre, die Feuerqualle oder das Silberfischchen. Es gibt da nur wenige Ausnahmen, Pandas, Dackel, Seehundbabys ... die Jennifer zum Beispiel ist ein Panda ... die würde ich vermissen. Der Rest: alles Filzläuse.

Ein Recht auf Privatsphäre im Büro ist wie Eishockey in Uganda: lächerlich.

Privatsphäre können die Mitarbeiter haben, wenn sie privat sind, das sagt ja schon der Begriff. Deswegen heißt es ja auch nicht Berufssphäre.

Ich muss jederzeit wissen, was bei wem grad los ist. Zwei Drittel aller Heftchen am Kiosk verkaufen sich über Klatsch und Tratsch, das sagt ja wohl alles. An manchen Tagen esse ich schneller, damit ich früher wieder im Büro bin, um noch mal durch die Schreibtische der »Kollegen« zu gehen …

Wer backen kann, wird nicht gefeuert.

Viele meiner Leute habe ich nur nach Geburtsdatum eingestellt. Frau Klüver zum Beispiel, optisch eine Trümmerfrau vor dem Herrn, als Fachkraft eine Dilettantin, aber als Dilettantin eine Fachkraft. Und eben Geburtstag im Juli, wo es keinen Feiertag gibt und auch sonst keinen Grund zu saufen. Frau Klüver macht beständig guten Kuchen und wirklich legendäre Geburtstagsfeiern. Den Rest des Jahres wird sie so durchgeschleppt.

**Man muss es den Leuten schwer-
machen – um ihnen zu helfen.**

Verhindere ich den Aufstieg von Mitarbeitern? Ja, sicher. Der Mount Everest macht den Leuten den Aufstieg auch nicht leicht. Deswegen ist er ja so berühmt. Den Bumstaler Dudelkamm, auf den jeder kraxeln kann, den kennt keiner, aber an den Everest, da kann sich selbst Reinhold Messner erinnern, wobei der bei uns in der CAPITOL keine Chance hätte, jetzt mal rein vom Outfit her. Und dann der ungepflegte Bart und das ganze Gerede vom Yeti und so weiter. Mit so was braucht mir hier keiner zu kommen.

Tanja: Stromberg wirft einem keine Knüppel zwischen die Beine, sondern gleich ganze Bäume. Dabei geht's letztlich bloß um seine acht Quadratmeter, die mit dünnen Holzwänden von unserem Büro abgetrennt sind. Aber er verteidigt die, als wär es das Bernsteinzimmer. »Bernd sein Zimmer«, hat Ulf immer gesagt.

Gute Frage: Wie sieht der Arbeitsalltag des Angestellten aus?

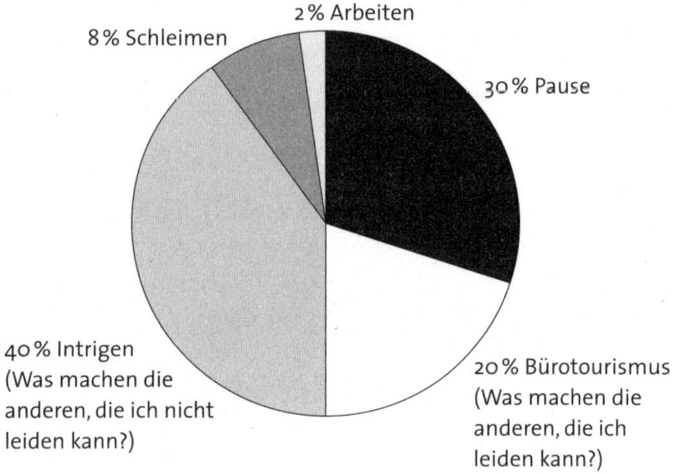

Nächste Frage: Wie sieht der Arbeitsalltag des Chefs aus?

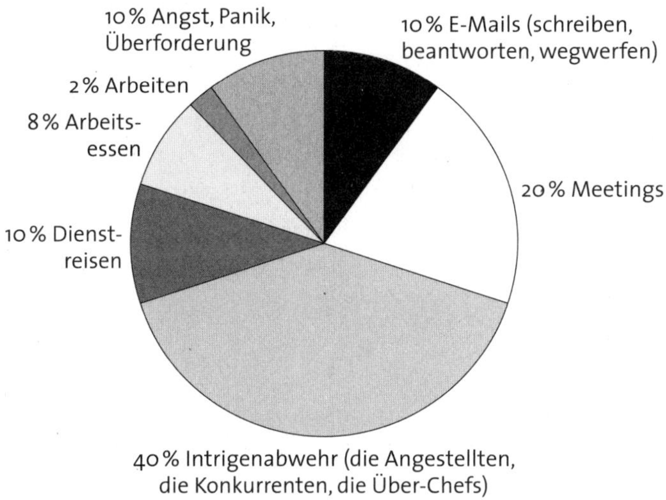

Jetzt, wo Sie das wissen, wollen Sie da immer noch »Karriere« machen?
Ja?
Wirklich?

Arme Socke mit zwei F? –
Unser Cheff, unser Cheff.

Das Büro ist der Zirkus, und der Chef ist der Direktor. Den will auch keiner sehen. Die Leute kommen wegen dem Trapezkünstler. Und sie hoffen, dass er abstürzt. Oder dass der Elefant sich auf den Dompteur setzt. Oder dass der Feuerschlucker sich die Schnauze verbrennt. So sind die Leute. Wann kommen Chefs in die Nachrichten? Wenn sie abgeführt werden, weil sie Steuern hinterzogen haben (Zumwinkel). Weil sie den Laden in die Grütze gefahren haben (sämtliche Banker) oder weil sie lustig aussehen (Dieter Zetsche).

Wie trifft der Angestellte eine Entscheidung?

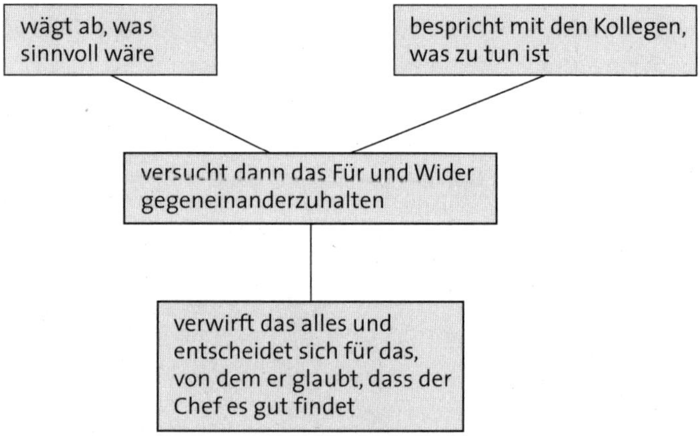

Das ist insofern wichtig, als der Chef hinterher nicht schuld ist. Er bekommt ja kein Gehalt, sondern eine Verantwortungsgebühr. Das heißt, er muss im Zweifel seinen Kopf hinhalten. Es sei denn, wir reden von ganz oben, wo alles egal ist. Wenn ein van Gogh 180 Millionen kostet, stellt sich nicht mehr die Frage, ob das gute Kunst ist.

Wie trifft der Chef eine Entscheidung?

Er versucht herauszufinden, was die anderen tun würden, und macht das Gegenteil

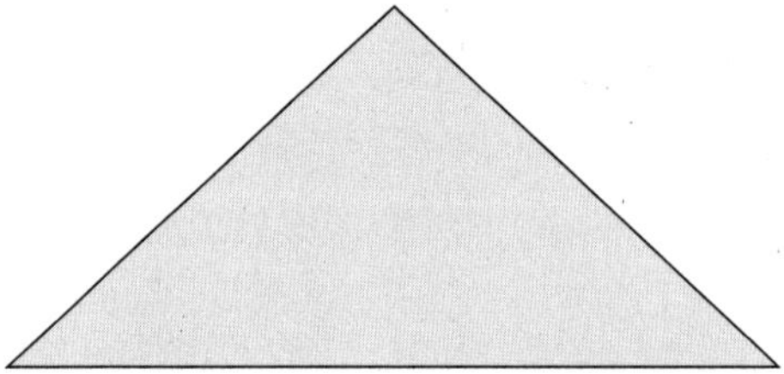

Er versucht eine rationale Lösung zu finden, und entscheidet am Ende aus dem Bauch heraus

Er entscheidet irgendetwas und hofft, dass es langfristig nicht so wichtig ist

In jedem Fall geht es darum, Führungsstärke zu zeigen. Aus purem Selbstzweck. Wahrscheinlich werden mehr als die Hälfte aller Entscheidungen in der Führungsebene getroffen, um prinzipiell alles anders zu machen als der Vorgänger, oder um mal ein Zeichen zu setzen, dass ein anderer Wind weht, oder um zu beweisen, dass man anders ist als andere.

Was liegt Ihnen mehr? Angestellter?

**Büroleben ist wie das Leben der heutigen Indianer:
Alles halb so wild ...**

Man muss sich immer vor Augen halten, dass von Entscheidungen, die im Büro getroffen werden, kein Leben abhängt ... außer beim Kollegen Lechner, der sich vor zwei Jahren entschieden hat, mit Ledersohlen über die vereiste Rampe vom Parkhaus zu schliddern ... ein komplizierter Bruch war die Folge, dann hat sich irgendwas entzündet, und dann konnten die Ärzte nichts mehr machen ... jetzt hängt deswegen ein Warnschild am Parkhaus, und wir alle werden den Kollegen Leschner nie vergessen ... oder hieß der Luchner, Lechmeier, ...? Irgendwas mit »L« auf jeden Fall ...

Der Weg ist eben nicht das Ziel.
Nur das Ziel ist das Ziel.

Wenn Sie den Urlaub auf der Autobahn im Stau verbringen, sagen Sie am Ende ja auch nicht: »Das waren aber Spitzenferien.« Eben. Die Autobahn ist nicht der Strand, die Rückbank kein Hotel, und der Koffer nicht die Reise. Wer nicht ankommt, war nicht da. So wird ein Schuh draus.
Ob Konfuzius, Mao oder Bruce Lee, glauben Sie keinem dieser asiatischen Sprücheklopfer! Diese Buddhisten finden ja auch, dass Stäbchen zum Essen sinnvoller sind als Messer und Gabel. Warum sollten die wissen, was im Büro passiert?! Glauben Sie lieber mir. Sprüche klopfen liegt mir so fern wie China. Aber Sie haben schon recht mit Ihrer ambitionslosen Art, denn:

Ehrgeiz im Büro ist der erste Weg in Depression und Alkoholismus.

... vor allem wenn es darum geht, die Arbeit »gut« zu machen, oder schnell. Manche sehen das ja als eine Möglichkeit für Karriere, aber wer immer mehr und mehr will, sollte sich vorher mal mit dem Märchen vom Fischer und seiner Frau beschäftigen, oder mit dem Zweiten Weltkrieg. Beides geht anfangs ganz gut, und dann kommt das dicke Ende. So ist es im Büro auch.

> **Ulf:** Wenn alle ehrgeizig sind, wird's automatisch schwierig. Im Stadion können ja auch nur 22 Leute spielen, die spielen, und nicht noch die achtzigtausend, die zugucken. Ich hab null Probleme mit Zugucken. Im Stadion und im Büro.

Oder wollen Sie doch lieber Chef sein?

Sehr gut, denn:

Ehrgeiz ist geil!

Letztlich ist es im Büro ja wie in der Natur. Der Spatz will ein Schwan sein, der Schwan ein Adler und der Adler ein Flugzeug. So funktioniert es hier auch. Wer kein Flugzeug werden will, bleibt immer Spatz. Und der lebt dann von den Meisenknödeln im Vogelhäuschen beziehungsweise der Kantine. Das ist auf Dauer kein Leben, finde ich …

Außerdem ist Chef im Prinzip risikolos. Wer die Deutsche Bahn in die Grütze geritten hat, kann doch trotzdem noch eine Fluglinie leiten. Wer ein erfolgloser Spieler war, kann immer noch mit Griechenland Europameister werden. Und wer ganz große Scheiße gebaut hat, kann immer noch Berater werden …

Der Weg in die Chefetage

Mit der Tür ins Schloss fallen ist besser, als mit dem Kopf durch die Wand wollen.

... selbst wenn man dazu einen Stahlhelm aufsetzt. Da ist die Wand meist stärker. Lieber abwarten und Tee trinken. Ich nenne das die Prince-Charles-Taktik. Ruhig mal dreißig, vierzig Jahre in den Startlöchern sitzen und hoffen, dass die Chefin abdankt oder stirbt. Da braucht man natürlich viel Tee und einen breiten Arsch, aber es ist immer noch besser, als durch Ehrgeiz alles kaputtzumachen ...

Wer immer heult, ist nicht automatisch der Leitwolf.

Falsche Selbstwahrnehmung ist der beste Weg zur Frustration. Ein Pudel ist kein Schäferhund. Im Gegenteil, da lachen sich die Schafe kaputt, einfach, weil ein Pudel eher aussieht wie ein zu heiß gewaschenes Schaf mit Dauerwelle. Umgekehrt wird es ein Leitwolf in einer Horde Affen auch schwer haben.

Deswegen ist ganz wichtig zu wissen, wer Sie sind und was Sie wollen. Denn:

**Es ist immer Luft nach oben,
aber diese Luft ist dünn.
Und kalt.**

Nicht jeder ist zum Chef geboren. Es muss auch Leute geben. Durchschnitt. Jedermänner. Ganz einfache, biedere Männer und Frauen, die morgens ins Büro gehen und abends nach Hause, die nichts weiter wollen und einfach so alt werden und sterben. Ambitionslos. Ohne Ehrgeiz, ohne Ziele. Ganz schlicht und simpel. Wenn Sie am Ende doch eher so einer sind, dann müssen Sie hier gar nicht weiterlesen. Machen Sie das Buch zu und das Bier auf. Schalten Sie den Fernseher ein. Vielleicht kommt ja was Schönes.

Bescheidenheit bringt dich nicht weit.

Glauben Sie, man würde Ludwig XIV. heute noch kennen, wenn er sich ein Ferienhaus im Erzgebirge gebaut hätte? Natürlich nicht. Schloss Dings in Paris ist protzig, schwul und schlecht zu heizen, aber natürlich kommen jedes Jahr zig Tonnen Touristen, um sich das anzugucken.
Was lernen wir daraus? Nur wer protzt, punktet. Bezogen aufs Büro heißt das: Stellen Sie Ihr Licht nicht unter den Scheffel. Sie sollten nicht mal wissen, was ein Scheffel eigentlich ist. Ihr Licht ist ein Mordsscheinwerfer, selbst wenn es in Wahrheit nur ein Streichholz ist.

Ein Teamplayer gewinnt kein Wimbledon-Finale!

Da stehen Sie nämlich ganz alleine. Und so ist es auch im Chefbüro. Da haben Teamplayer so viel verloren wie Speckwürfel im Marmorkuchen.
Bei der Arbeit sind Sie Einzelkämpfer. Damit müssen Sie klarkommen! Ganz oben sind Sie so einsam wie der Mann im Mond. Aber genau deswegen gucken auch alle hoch, wenn sie Sie sehen wollen!

Die Motten richten sich immer nach dem Licht, nicht umgekehrt.

Wenn Sie Chef werden wollen, müssen *Sie* sagen, wo's langgeht. Auch wenn Ihr Kompass aus dem YPS-Heft kommt und Sie eigentlich im Dunkeln tappen wie der Blinde im Kohlenkeller. Wurscht. Heben Sie entschlossen den Arm, und sagen Sie: »Leute, mir nach!« Aber seien Sie umsichtig. Machen Sie sich schon frühzeitig Gedanken, wem Sie die Schuld geben, wenn es schiefgeht.

Bei Pornos und im Büro braucht ein Mann eine gewisse Härte.

Auch in der Tierwelt ist es gang und gäbe, dass zum Beispiel der Eber seine eigenen Ferkel verstößt, der Löwe seinen Bruder schlecht behandelt oder der Eisbär die niedliche Robbe verputzt. Da sagt man auch nicht: »Was für Arschlöcher ...!«, sondern: »So ist eben die Natur.« Und so sehe ich mich auch: Als Teil der Natur. Nur eben im Büro.

Mit Seifenblasen kannst du kein Tennis spielen.

Das geht nur mit harten Bällen. Wir sind nämlich hier im Büro und nicht bei Roncalli. Wer seinen Leuten keine Härten zumuten will, ist hier falsch. Wer denkt, man kann Wahrheiten immer mit Zuckerwatte garnieren, ist hier so was von falsch. Wer keine Lust auf klare Worte hat, soll lieber in die Politik gehen.

Autorität ist wie Asbest.

Früher dachte man, es geht nicht ohne, dann kamen irgendwelche Schlaumeier, die gesagt haben, es ist falsch, schlecht, tödlich. Aber wenn's brennt, ist man froh, dass man's hat ...

> **Ernie:** Ich hab unglaubliche natürliche Autorität. Wenn ich die nicht ganz bewusst im Zaum halte, dann tanzt hier alles nach meiner Pfeife, und für so eine Verantwortung werde ich gar nicht bezahlt ...

**Einfühlungsvermögen ist wie Eierlikör:
Ein Mann weiß, dass es das gibt,
aber er weiß auch,
dass ihm das nicht schmeckt ...**

... schon gar nicht am Arbeitsplatz! »Chef, Sie müssen doch verstehen, dass ich nach der Trennung von meinem Mann ... und als ich dann diese schlimme Krankheit hatte ... bla, bla, bla ...« Wenn man anfängt, sich auf die Kollegen einzulassen, hat man schon verloren. Unkraut hat auch ein Recht zu wachsen, aber eben nicht in deinem Chefgarten. Da musst du es rausreißen, sonst bist du bald zugewuchert ...

Du musst den ganzen Hirsch erschießen, auch wenn du nur das Geweih haben willst.

Freiwillig wird er es dir nämlich nicht geben, und das Argument von der Kosten-Nutzen-Rechnung wird den Hirsch auch nicht überzeugen. Soll heißen, mit sentimentalem Schnickschnack kommt man im Job nicht weiter. Auf der nächsten Sprosse der Karriereleiter sitzt mit Sicherheit schon ein anderer, und so eine Sprosse ist immer verdammt schmal. Da ist nicht genug Platz für zwei Zwölfender. Deswegen muss der andere weg. Komplett. Nicht nur sein Geweih.

**Wer immer erreichbar ist,
ist ein Handy ...**

… und die Dinger werden einem ja heute hinterhergeworfen. Das sollte Ihnen zu denken geben. Wer wichtig ist, ist schwer zu kriegen. Spargel zum Beispiel. Gibt's eben nicht das ganze Jahr. Der Papst steht nicht im Telefonbuch. Mozart war auch nicht bei Facebook.
Im Büro gibt es etliche Kniffe, um sich ein bisschen weniger erreichbar zu machen. Schreiben Sie einfach in den Abwesenheitsassistenten: »Habe heute eine böse Magen-Darm-Sache. In dringenden Fällen erreichen Sie mich auf dem Herrenklo im dritten Stock.« Da werden Sie bis Feierabend schön in Ruhe gelassen.

**Ehrlichkeit ist fürs Büro wie die Gurke für die Roulade.
Es geht auch ohne, aber mit ist besser.**

Wir hatten mal eine Mitarbeiterin, deren Namen ich hier nicht nennen möchte, die hatte Mundgeruch wie ein toter Aal, und ich bin hingegangen und habe gesagt: »Liebe Frau Böhnisch, seien Sie mir nicht böse, aber Sie riechen im Gesichtsbereich wie ein toter Aal ...«
War das unhöflich? Vielleicht. War es ehrlich? Aber hallo! Und ehrlich und höflich sind nun mal keine Geschwister. Frau Böhnisch ist seit längerem nicht mehr bei uns ... Und nur wer zu anderen andauernd so offen ist wie die Klotür in unserer Buchhaltung, hat wirklich eine Chance auf die Chefposition.
Also, passen muss es natürlich, denn sonst gilt:

Ehrlich währt
mal überhaupt nicht ...

… und schon gar nicht am längsten. Wissen Sie, was am längsten währt? Die Woche von Montag bis Freitag. Beziehungsweise eben Ihr Arbeitsleben. Wenn Sie Pech haben, währt das nämlich bis 67. Minimum. Und je nachdem, welches Gesocks in Berlin ans Regieren kommt, währt es noch länger. So lange halten Sie Ehrlichkeit sowieso nicht durch. Und noch schlimmer: Keine Sau dankt es Ihnen. Deswegen: Lügen Sie. Lügen Sie, als würden Sie aus Pinocchios Nase einen Wandschrank machen wollen!

Pflegen Sie Ihre Macken!
Das macht menschlich, und menschlich kommt bei Leuten immer gut an.

Die großen Gestalten der Geschichte hatten alle Macken: Willy Brandt – depressiv, Rembrandt – cholerisch, Kennedy – erschossen. Nur von jemandem in einer Führungsposition erwartet man Fehlerfreiheit, und das ist natürlich Quatsch. Deswegen pflegen Sie Ihre Schrullen und Marotten. Alles im Rahmen natürlich. Wenn Sie zum Beispiel gerne Frauenkleider tragen, sollten Sie das im Büro lieber lassen – es sei denn, Sie sind eine Frau. Aber auch dann ist das mit den Kleidern meist keine gute Idee …

Fehler haben die anderen – der Chef hat Alleinstellungsmerkmale!

Manche Sachen sind gut, weil sie eben nicht perfekt sind! Wäre der schiefe Turm von Pisa gerade, wüsste niemand, wo Pisa liegt. Es wäre nur ein kleines blödes Kaff in den Karpaten. Gerade das Unvollkommene macht oft den Reiz aus. Wer nie Fehler macht, soll Papst werden oder Beamter.

Der gute Draht zum Chef kann schnell zur Lunte werden.

... zum Beispiel, wenn ein neuer Chef kommt. Keiner will gern alte Socken seines Vorgängers auftragen. Und Sie sind schneller eine alte Socke, als Sie denken können. Es ist immer gut, sich mit dem Chef gutzustellen, aber eben nicht zu gut. Das ist ein Verhältnis, das gut austariert sein will. Praktisch so, als würden Sie mit einem Tiger in einer WG leben.

Ein gutes Schaufenster verkauft auch alten Ramsch.

Soll heißen, es geht am Arbeitsplatz auch um Äußerlichkeiten. Meinen Sie, Justus Bieber ist so beliebt, weil er so schön singen kann? Nein, es geht nur ums Aussehen. Singen können viele. Und so ist es auch im Büro. Arbeiten können viele. Ehrgeiz haben etliche. Beziehungen sind nicht unüblich. Wer wird am Ende das Rennen machen? Auch der, der auf sein Äußeres achtet!
(Wenn Sie gar nicht erst wissen, wer Jonas Biber ist, können Sie eh schon einpacken, denn in allen Bereichen des modernen Lebens auf dem Laufenden zu sein, ist in einem Betrieb, der auch ausbildet, ganz wichtig ... wenn Sie immer noch keine Ahnung haben, dann gucken Sie mal beim Googel ... das ist in Ihrem Computer!)

Image geht über Substanz!

Was meinen Sie, wie viele Leute können wirklich einen Spitzenwein von klassischer Hartz-IV-Plörre unterscheiden? Eben. Wenn das Etikett nicht teuer aussieht oder der Kellner die Plempe nicht anpreist wie Sauerbier, wird's doch ganz schnell eng. So ist es im Büro auch.
Glauben Sie, die ganz oben können wirklich beurteilen, ob Sie was auf der Pfanne haben oder ob Sie einfach nur auf Teufel komm raus vortäuschen wie ein erfahrenes Mädchen vom Straßenstrich? Eben. Im Restaurant entscheidet Hans Herbert sich für einen Grauburgunder, denn von dem hat er schon mal was gehört.
Im Büro entscheiden die ganz oben sich auch für den, von dem sie schon mal was gehört haben. Nutzen Sie das!!

Immer Hand, Ohr und Auge am Puls der Jugend haben!

Nur im übertragenen Sinne natürlich, sonst gibt es schnell Riesenärger! (Wobei die sogenannten Vorfälle vor drei Jahren von Frl. Gröllmann weitgehend maßlos falsch dargestellt wurden.)

Aber: Um Erfolg zu haben, sollte man schon wissen, dass die Jugend heute eben keine Marschmusik hört, sondern eher Michael Jackson, und viel mit diesen facebooks macht und ähnlichem Internet, sonst wirkt man schnell von gestern, und das kann sich heute eigentlich niemand mehr leisten ...

Mit dem Fortschritt
Schritt halten.

Das ist im Büro wichtig. Ich versuche da schon immer auf dem Laufenden zu bleiben. Zum Beispiel Fotoshop. Da hab ich neulich ein Bild von Ernie in einem knappen Lederdress mit zwei Schafen gebastelt, was total echt aussah. Man hatte wirklich den Eindruck, dass der Ernie das eine Schaf von hinten richtig rangenommen hat. Und so was ist wichtig. Die ganze Abteilung hatte einen Tag lang Spaß, bis die alte Spaßbremse damit dann wieder zum Betriebsrat gerannt ist.
Aber was in den Köpfen der Leute haften bleibt, ist: »Unser Chef hat Sinn für Humor« beziehungsweise: »Der Vorgesetzte hat versucht, uns den lästigen Arbeitsalltag ein bisschen zu erleichtern.« Und das Bild selbst bleibt sicher auch noch eine Weile in den Köpfen. Ernie hinter dem Schaf. Sensationell!

Tabus immer offen ansprechen –
außer die,
über die man nicht redet.

Natürlich geht es keinen was an, wie viel Sie verdienen. Zum Beispiel. Aber ansonsten ist es nicht gut, immer um den heißen Brei herumzuquasseln. Immer mitten rein in den Brei! Wo klemmt's, wo hakt's, wo drückt der Schuh?

Jennifer: Wir haben eigentlich nie darüber geredet, ob es in Ordnung ist, im Büro ein Verhältnis zu haben. Ich weiß auch gar nicht, ob das, was wir haben, ein Verhältnis ist. Der Bernd redet ja eigentlich nie über irgendwas.

Tanja: Wenn Schweigen Gold ist, dann ist Stromberg sicher reich. Auch wenn er redet, sagt er ja eigentlich nichts. Und er redet ja viel.

Ulf: Mit Stromberg kann man eigentlich über nichts wirklich sprechen.

Vorbilder sind
keine Abziehbilder.

Ich habe etliche Vorbilder. Picasso zum Beispiel. Nach allem, was man so hört, hat der auch im hohen Alter noch Schnitte bei jungen Frauen gehabt. Und Geld. Oder jemand wie Gandhi. Den fand ich auch super. Der hat ja später noch bei *Schindlers Liste* mitgespielt. Und diese Wandlungsfähigkeit versuche ich auch zu erreichen.

**Der Chefposten ist wie der Eiffelturm:
Man will unbedingt mal da hin,
aber wenn man dann da ist,
ist es enttäuschend ...**

Wobei der Eiffelturm für mich die noch größere Enttäuschung war. Erst haben wir das Ding nicht gefunden, und die Franzosen sprechen ja alle ganz schlecht Deutsch. Dann war unten eine riesen Schlange, nach ganz oben konnte man auch nicht, und im Grunde sah's genauso aus wie auf den Fotos. Meine Frau und ich haben uns richtig gestritten, und das war auf unserer Hochzeitsreise. Insofern ist der Chefposten sogar besser als der Eiffelturm, denn der ist wenigstens in Deutschland, und die Frau hat da nix mitzureden ...

Erfahrung schlägt Wissen,
Theorie schlägt Praxis,
Kaffeeküche schlägt Chefbüro.

Das ist wie mit Pornos und selber vögeln, das eine ist nett, das andere ist geil, also meistens, oft, wenn die Frau nicht mittendrin wieder sagt: »Geh runter jetzt!«

Positiv bleiben!

Eine Wolke kann Ihnen Schatten spenden oder Ihnen auf den Kopf regnen. Das hängt ganz von Ihnen ab. Im übertragenen Sinn. Rein praktisch macht die Wolke natürlich, was sie will, und wenn Sie keinen Schirm haben, werden Sie nass, wenn es regnet, egal wie positiv Sie bleiben. Aber es geht mir jetzt um die innere Einstellung. Als Chef ist Ihr Glas immer halbvoll. Vielleicht halbvoll mit übler Plörre, aber halbvoll.

Positiv heißt nicht, dass Sie ständig grenzdebil lächeln müssen wie Buddha im Chinarestaurant. Positiv heißt nur, dass Sie nicht wegen jedem Pups anfangen rumzujammern, dass es stinkt. Das wirkt unsouverän. Vor allem, wenn er von Ihnen kommt.

Führungs
kraft

Bernd Strombergs Führungskräftequiz

Was ist der Unterschied zwischen Effizienz und Effektivität?

- ☐ Das eine heißt Wirksamkeit, das andere auch, aber anders
- ☐ Derselbe Unterschied wie zwischen Erwartung und Erwartungshaltung
- ☐ Scheißegal. Ich geb mich nicht mit solchem Pillepalle ab

Wie wichtig ist Transparenz im Büro?

- ☐ Sehr wichtig, wenn Sie eine attraktive Frau sind und sich die Transparenz auf Ihre Bluse bezieht
- ☐ Sehr wichtig, wenn sich die Transparenz auf die Fenster in Ihrem Büro bezieht
- ☐ Scheißegal, Hauptsache, die Leute spuren

Was sind Soft Skills?

- ☐ Weichbrötchen plaudert mit Wattebäuschchen
- ☐ Englisch für Zuckerbrot und Peitsche
- ☐ Neumodischer Quatsch, den keiner braucht

Was ist Performance Management?

- ☐ Was für bärtige Künstler in Berlin
- ☐ Tagebuch für Führungskräfte
- ☐ Überbewertet

Welchen Stellenwert hat die Motivation der Mitarbeiter?

- ☐ Hoch
- ☐ Null
- ☐ Angst muss reichen

Welche Fähigkeiten sind ausschlaggebend für Führungskräfte?

☐ Fordern und fördern
☐ Beziehungen
☐ Hochkommen und oben bleiben

Auflösung:
Wenn Sie diesen Test wirklich gemacht haben, haben Sie in einer Führungsposition nichts verloren! Psychotests, Managementbücher, Führungsseminare sind für Loser und Durchschnittstypen.
Glauben Sie, Napoleon hätte einen Ratgeber gelesen? Halten Sie es für möglich, dass Dr. Helmut Kohl ein Coaching gemacht hat? Hat Steve Jobs den Test in der BRIGITTE gemacht, um rauszufinden, ob er einen Weltkonzern lenken kann?
Hallo!! Aufwachen!!

So! Jetzt sind Sie Chef ...

Glückwunsch. Aber nur weil Sie sich einen BH kaufen, kriegen Sie noch lange keine Brüste. Und weil an Ihrer Tür steht, dass Sie jetzt Chief Executive irgendwas sind, heißt das noch lange nicht, dass irgendwer Sie ernst nimmt. Bis dahin ist es noch ein verdammt langer Weg, denn Angestellte sind wie Kinder: Es ist letztlich egal, ob Sie sie Hans Hermann nennen oder Jimmy Blue Winnetou: Sie machen Ärger, kosten Geld und bringen Sie um den Schlaf. Sie machen nie das, was sie machen sollen, sind undankbar und reden schlecht über Sie, ganz egal, wie viel Mühe Sie sich geben.

Sie können es über Mitbestimmung probieren oder autoritär, Sie können loben, tadeln oder verzweifeln. Es ist immer dasselbe: Kinder kriegen Masern, Mumps und Pubertät, wollen ihr Zimmer nicht aufräumen und nicht im Haushalt helfen. Angestellte kommen zu spät, werden schwanger, beseitigen den Papierstau nicht, den sie angerichtet haben, und kochen keinen neuen Kaffee oder schlechten.

Was die Supernanny für Asi-Blagen, bin ich für all die unterschiedlichen Blutsauger, die da draußen an den Schreibtischen vor sich hin dümpeln. Im Folgenden sind Hinweise aufgelistet, die Ihnen helfen sollen, sich gegen das Papierpack durchzusetzen, und zwar, ohne dass Sie jeden Abend Ihre Pulsadern unter den Locher legen wollen ...

**Neue Besen kehren gut –
kann aber sein, dass Sie gar nicht
als Besen eingestellt wurden …**

... sondern vielleicht als Kehrblech. Oder als Mülleimer. Also verlassen Sie sich nicht darauf, dass alles schon dufte wird, nur weil Sie neu sind. Im Gegenteil. Gerade weil Sie neu sind, können Sie einiges falsch machen.
Und machen Sie sich nichts vor. Fragen Sie sich, was bin ich?

Vater der Kompanie oder Fata Morgana?

Haben Sie jetzt wirklich was zu sagen oder haben Sie nur die Illusion von Kompetenz? Sind Sie wirklich wichtiger geworden oder fühlen Sie sich so, wie ich denke, dass ich aussehe, wenn ich gesoffen habe? Da bringt man schnell mal was durcheinander. Wenn Sie in Ihrem neuen Büro furzen und es in der Kaffeeküche stinkt, muss das nicht unbedingt was miteinander zu tun haben. Machen Sie sich klar:

Der Chefsessel ist ein Schleudersitz in einer Geisterbahn.

In der Tat ist erschreckend, was da draußen so rumsitzt. Aber es ist Ihre Entscheidung, ob Sie sich leise fiepend zusammenkauern und hoffen, dass die Fahrt bald vorbei ist, oder ob Sie das Ganze als einen schönen Spaß sehen. Klar, Büro ist Kirmes, laut, bunt, und das Essen ist ungesund. Aber in der Geisterbahn sind Sie letztlich besser aufgehoben als in der Schieß- oder Boxbude ...
Was sind Ihre Aufgaben?

Als Chef sind Sie der Weizentrenner …

… also derjenige, der die Spreu vom Weizen trennt. Und in so einer Abteilung hat man ja nicht nur Spreu und Weizen, man hat auch Hafer, Gerste, Roggen und Raps. Und noch etliches andere Unkraut dazwischen. Deswegen kommst du ja auch kaum selbst zum Arbeiten, weil du permanent deinen Acker begutachtest und umpflügst. Und meistens hast du meterweise Spreu. Und auch die Spreu kommt ja jeden Monat an und will Geld. Zuckerschlecken geht wirklich anders.

Good boss – bad boss?

Was ist besser: Der beliebte Chef oder der gefürchtete Despot? Antworten Sie nicht zu schnell. Denken Sie nach! Wer ist wichtiger: Der Osterhase, der einfach nur seine Eier versteckt, oder der Weihnachtsmann, der zwar Geschenke bringt, aber gleichzeitig auch in seinem Buch genau aufgelistet hat, wer brav war und wer nicht, und der immer eine Rute dabeihat? Ganz genau. Da kann der Hase einpacken.

Ein guter Chef ist wie ein guter Horrorfilm: Man liebt es, ihn zu fürchten.

Deswegen gehen die Leute ja in diese ganzen Filme, wo eimerweise Blut fließt und Leute ausgeweidet werden. Dann sitzen sie da, klammern sich an ihr Popcorn, glotzen und schwitzen und zahlen noch Geld dafür. So ist es bei uns auch, bloß ohne Popcorn. Aber dafür erwarten die Leute bei uns noch Lohn.

Ein schlechter Chef ist wie Til Schweiger: Man versteht nicht, was er sagt, und es ist auch völlig egal.

Dafür liefert er immer dieselbe Nummer. Der Horrormörder dagegen nimmt mal das Messer, mal die Machete, mal den Brieföffner, mal die Motorsäge, und mal knibbelt er die Klinge aus den Bleistiftanspitzern und zieht die den Leuten durchs Auge (*Der Kirmes-Killer Teil III*).
So bin ich auch. Man weiß nie, wann und womit ich zuschlage. Und dafür mögen die Leute mich. Die Frauen mögen lieber Til Schweiger. Wobei, wenn ich genau drüber nachdenke, muss ich sagen, ich bin schon ziemlich dazwischen. Ich bin ein Horrorfilm mit Til Schweiger ...

Als Chef ist es wichtig, zu seinen Fehlern zu stehen, solange es nicht die falschen Fehler sind.

Sagen Sie oft und gerne: Ja, ich habe Fehler. Ja, ich gebe zu, ich bin ungeduldig, ja, ich bin manchmal zu ehrgeizig, ja, dies und das hätte ich besser kommunizieren können. Sagen Sie nicht: Ich habe mit dem Autoschlüssel ein blödes Wort in den Wagen eines anderen Abteilungsleiters geritzt. Sagen Sie nicht: Wenn ich unter Stress stehe, saufe ich wie ein Loch. Sagen Sie nicht: Ich hab als Jugendlicher schon mal eine Katze angezündet. So was macht schnell unsympathisch ...

Der Chef ist für seine Leute wie ein Vater ... beziehungsweise eine Mutter.

Präzise gesagt, ist der Chef wie eine alleinerziehende Mutter im Körper eines Vaters.
Meine Angestellten sind für mich wie Kinder. Und ich meine nicht die Kinder in einer Fabrik in der Dritten Welt, die mit Kinderarbeit dafür sorgen, dass wir hier in billigem Luxus leben können, die keine Rechte haben und ausgebeutet werden. Auch wenn beide arbeiten, also die Kinder und meine Angestellten. Ich meine Kinder im positiven Sinne des Wortes. Aber:

Als Vorgesetzter sind Sie nicht Vater Theresa.

Sie können nicht jedem helfen. Bei Unfällen können Sie den Sanitäter holen oder den Abdecker, denn nicht jedem ist mit allen Mitteln immer zu helfen. Das soll heißen, Sie sollten die hoffnungslosen Fälle in Ihrem Laden einfach links liegenlassen. Oder rechts. Egal, wo Sie sie liegenlassen. Aber liegenlassen.

Aus Dackeln macht man keine Windhunde ...

... aber der Chef muss dafür sorgen, dass die wichtigste Regel der Natur auch im Büro umgesetzt wird. Anpassung an die Umgebung, das ist es, was die Art am Leben erhält. Wenn die Nahrung hoch hängt, muss der Hals wachsen. So ist die Giraffe quasi in die Chefetage gekommen, zoologisch gesehen. Kurze Hälse wurden von der Natur knallhart ausgesiebt. In Jahrtausenden. So viel Zeit hat man im Büro selten, deswegen muss der Chef das machen.

Als Chef musst du sein wie das Wetter: mal warm, mal kalt, aber immer so, dass die Leute über dich reden ...

Das ist ganz wichtig. »Wer schreibt, der bleibt, doch über wen die andern reden, der macht meist die Karrieren.« So ähnlich ging der Satz. Der ist, glaube ich, von Goethe. Oder von Herrn Mecksieper vom Außendienst. Der ist auf jeden Fall richtig.

Jemanden zu feuern ist wie Sex haben. Das erste Mal ist immer seltsam ...

Man weiß nicht, was man sagen soll, und meistens hofft man, dass man den anderen nie wiedersieht ...
Gut, in meinem Fall hab ich die Frau nach dem ersten Sex gleich geheiratet, aber das hat sich im Nachhinein eben auch als Riesenfehler rausgestellt. Gerade finanziell. Insofern sind Sex und Feuern eigentlich grundverschieden. Aber Vergleiche hinken ja immer ...

Gelassen entlassen

Jeder kennt diese ungeheuer deprimierenden Tage im Büro. Man sieht beim besten Willen keinen Sinn in seiner Arbeit und zweifelt an allem. Was einen an solchen Tagen ungeheuer aufbauen kann, sind Entlassungen. Jemanden zu entlassen, den man eh nicht leiden konnte, ist, als wenn jemand stirbt, der einem egal ist. Der ist weg, und man selbst ist noch da. Das belebt, wie ein warmer Sommerregen. Klingt erst mal unsympathisch, stimmt aber.

Gerüchte sind nützlich. Lästige Mitarbeiter wird man so am besten los.

Klar kann man auch mit Abfindungen arbeiten oder mit dem Betriebsrat, aber Gerüchte sind natürlich viel wirkungsvoller. Ein besonders hartnäckiger Mitarbeiter hat gekündigt, nachdem wir in seinem Namen eine Kleinanzeige für getragene Damenunterwäsche ans Schwarze Brett gehängt hatten. (War übrigens erstaunlich, wie viele Frauen sich auf diese Anzeige gemeldet haben – 3!!)
Ich hab ihm dann in einem Einzelgespräch nahegelegt, sich beruflich neu zu orientieren, beziehungsweise hab ich ihm halt noch ein paar Ideen fürs Schwarze Brett vorgestellt ...

Moral darf nicht vor der Bürotür haltmachen.

Gut und Böse gehören auf den Schreibtisch wie Salz und Pfeffer auf den Esstisch. Und man muss beides unterscheiden können, sonst gibt es schnell gepfefferten Ärger, nur weil man jemandem die Suppe versalzen wollte. Zum Beispiel durch die Geschichte, wie jemand die Frau vom Vorstandsdings auf der Weihnachtsfeier angebaggert hat. Diese Geschichte war erfunden von mir. Das ist rausgekommen. Das war nicht gut. Merke also: Moralisch im Büro heißt, füge niemandem einen Schaden zu, der nicht durch Vorgesetzte abgedeckt ist.

Der Chef ist der Star, und der Star macht seine gefährlichen Szenen auch nicht selbst …

… das darf er nämlich gar nicht, rein versicherungstechnisch. Deswegen lässt er sich eben doubeln, und das ist letztlich einfach nur Französisch für: Die Drecksarbeit machen andere. Und im Büro ist die Drecksarbeit die Arbeit im Allgemeinen. Und was macht der Star selbst? Der Star macht die Großaufnahmen und die Liebesszenen. Ganz wie der Chef.

Mit Freundlichkeit und arbeitsrechtlichen Konsequenzen kommt man weiter als mit Freundlichkeit allein.

Das ist wichtig zu wissen im Umgang mit Mitarbeitern. Der Dompteur arbeitet auch immer mit Leckerchen *und* einer Peitsche. Sonst übernehmen die Löwen ratzfatz den ganzen Zirkus, und dann ist Holland in Not. Und dann will ich aber mal die ganzen Tierschützer sehen, wenn die Viecher nicht nur die Trapeztrulla reißen, sondern auch die komplette Grundschulklasse aus der ersten Reihe. »So haben wir das ja nicht gemeint«, heißt es dann wieder. Das sollte sich der Betriebsrat mal überlegen, der mich immer auf dem Kieker hat. Mit meiner Art sorge ich dafür, dass die Löwen nicht durchdrehen. Bildlich gesprochen.

Ein Chef braucht keine Angestellten zum Pferde stehlen. Er braucht Leute zum Stall ausmisten.

Elf Freunde sollt ihr vielleicht sein, wenn ihr Fußball spielen wollt. Aber das auch nur auf Amateurlevel. Ansonsten brauchst du elf Profis, die wissen, dass sie höhere Prämien kriegen, wenn sie gewinnen. Im Büro hat dieses nudelweiche Gefühlsgewinsel gar nichts verloren. Da sitzen nicht deine Fans, nicht deine Kumpels und nicht deine Blutsbrüder. Da sitzen deine Angestellten, und die sollen gefälligst ihren Job machen. Und den vom Vorgesetzten möglichst auch noch mit.

Der Chef ist kein Stricher.

Ein Stricher ist dazu da, die Frauen glücklich zu machen. Der Chef nicht. Der Chef ist auch nicht dazu da, die Männer glücklich zu machen, selbst wenn er schwul ist. Dafür wird er nämlich nicht bezahlt. Je eher das alle begreifen, umso besser. Privat steht ja wieder auf einem anderen Blatt. Privat kann ich Frauen sehr glücklich machen. Wenn sie mich ließen.

Als Chef bist du Kapitän, Animateur und Lotse in einer Person.

Der Unterschied zu einem richtigen Schiff ist, dass du bei der Arbeit als Erster abhauen kannst, wenn der Kahn sinkt … Natürlich spielt hier auch nicht die Musik bis zum Schluss, wie auf der Titanic, und es macht auch keiner einen Film über dich, wo ich am Ende von Leonardo di Caprio gespielt werde. Würde ich auch gar nicht wollen. Ich finde, der wirkt immer ein bisschen tuntig. Wenn schon, dann würde ich am liebsten von Humphrey Bogart gespielt werden. Oder Yul Brynner. Das käme ja auch von den Haaren her hin ...

**Der Chef ist wie Glühwein:
Er muss Wärme verbreiten, darf aber nicht so stark sein, dass alle gleich umfallen.**

Diese Mischung ist nicht leicht hinzukriegen. Das erfordert eine Menge Übung. Auch bei tatsächlichem Glühwein. Hab ich vor Jahren mal gemacht, in der Abteilung, vor Weihnachten. Da hab ich sehr, sehr kostengünstigen Rotwein genommen, und etlichen Mitarbeitern ist schlecht geworden. Man sprach in der CAPITOL noch lange von »Strombergs Fusel-Freitag 1995« ...

Lob wird überschätzt wie Biofleisch.

Ich mach es so wie jeder Computer: Ich lobe nicht, weise aber auf Fehler hin. Der Computer sagt auch nie: »Grandioser Text, gut gemacht« oder »Spitzen-Excel-Tabelle, geile Zahlen!«, sondern immer nur: »Schwerer Ausnahmefehler« oder »Unzulässige Eingabe«. Und ich habe nicht den Eindruck, dass Computer weltweit unbeliebt sind ...

Keine Angst vor unbeliebten Maßnahmen!

Wenn Sie im Frühling duftende Rosen haben wollen, müssen Sie vorher stinkende Jauche draufkippen. Mit Parfüm kommt man da nicht weiter. Insofern, ruhig immer feste druff. Wenn's dann am Ende keine Rosen werden, sondern vielleicht nur Rosenkohl oder einfach Unkraut, haben Sie Pech gehabt und können sich zur Not immer noch rausreden.

Der Chef und Jesus – beide sind und waren Menschen. Nicht nur, aber eben auch!

Das darf man nie vergessen. Die private Verbindung zu den Mitarbeitern ist Gold wert. Sie dürfen als Chef Ihre Angestellten nicht nur als die strunzdummen Bienen sehen, die den Honig bringen, den man nachher für ein Vielfaches dessen verschleudert, was die Bienen kriegen. Nein, Sie müssen auch wissen, was die Bienen abends machen und am Wochenende.

Ich selbst war sogar mal Trauzeuge bei einer Angestellten. So etwas schafft Vertrauen. Obwohl wir der Frau dann kurze Zeit später kündigen mussten, betriebsbedingt, beziehungsweise weil sie halt nicht so dolle war in ihrem Job.

Worte und Alkohol sind günstig zu haben und können Mitarbeiter für kurze Zeit sehr froh machen.

Deswegen sollte man mit beidem großzügig umgehen. Zur Weihnachtsfeier ruhig eine Kanne Punsch mitbringen. Oder zwischendurch mal spontan eine Flasche Schaumwein öffnen. Die »Menschen« sind so dankbar.
Auch eine persönliche Geburtstagskarte bewirkt oft mehr als eine Gehaltserhöhung. Und sie ist viel günstiger: »Liebe Gudrun Keller, Sie altern immer schneller, jetzt sind Sie wirklich nicht mehr jung, doch bleibt stets die Erinnerung. Auch wenn Sie bald schon sterben, ist mir nicht bang zumute, von Herzen alles Gute!« (So in der Art. Das war nur ein Beispiel.)

Der Chef muss standfest bleiben. Wie eine eiserne Erektion.

Zum Beispiel Dr. Helmut Kohl: »Nein, ich verrate die Spender nicht.« Und Feierabend! Ist das semilegal? Ja, aber drauf geschissen! Verliert man dadurch jeden Rückhalt? Klar, aber wurscht! Macht man dadurch sein Lebenswerk zunichte? Selbstverständlich, gibt's halt ein neues Lebenswerk! Einfach eisern bleiben. Einen einmal gefassten Vorsatz durchziehen.
Dr. Helmut Kohl ist in dieser Hinsicht ein Vorbild für alle, die es mal zu was bringen wollen oder gebracht haben. Ginge es nach mir, würde in jedem deutschen Büro ein Denkmal vom Dicken stehen. Das ist eine Frage des Respekts.

Der Chef muss an seinem Sessel kleben wie ein Post-it am Block ...

... also schon fest, aber doch so, dass man ihn leicht wieder abkriegt. Sei es für eine Beförderung, sei es für eine Kündigung. Klammern bringt nichts und ist für alle nur peinlich. Büroklammerer sind eh eine unangenehme Spezies ...

Jennifer: Gott, ich weiß noch, wie der Bernd mich stundenlang vollgeheult hat, als sein Job gefährdet war. Also wirklich vollgeheult. Wie ein Dreijähriger, dem man seine Schippe weggenommen hat. Pro Abend eine große Packung Kleenex war gar nichts ...

Der Chef muss seine Augen nicht überall haben.
Ray Charles ist auch blind und spielt trotzdem Klavier ...

... und gar nicht mal schlecht. Wichtig ist erstens, dass alle denken, man ist wie der Liebe Gott und sieht alles, und zweitens reicht es, ab und zu mal jemanden rauszupicken und nach Strich und Faden rundzumachen. Das ist die sogenannte »Mad-Man-Taktik«. Haben die Amerikaner im Vietnamkrieg gemacht. Es ging darum, den Vietnamesen einzureden, dass die Amis so durchgedreht sind, dass ihnen alles zuzutrauen ist. So musst du als Chef auch sein. Klar, die Amis haben den Vietnamkrieg verloren, aber bei mir arbeiten ja auch keine Vietnamesen ...

Vorsicht ist die Mutter der Porzellankiste und Misstrauen der Vater.

Klar, Vertrauen ist die Basis der Grundlage des Fundaments von Zusammenarbeit im Büro, aber es hilft eben auch, jederzeit die Mails mitlesen zu können, die alle schreiben. Denn: Ohne Vorsicht und Misstrauen kann die angesprochene Porzellankiste gleich einpacken. Nur so kommt die Porzellankiste im Arbeitsalltag überhaupt klar. Sonst ist sie schneller im Arsch, als du Sekundenkleber sagen kannst ...

Gespräche mit Angestellten sind wie die Neujahrsansprache des Bundespräsidenten ...

Nach fünf Minuten ist alles gesagt, es ist eh immer dasselbe und hat im praktischen Leben natürlich absolut keine Konsequenzen. Deswegen leisten Sie sich als Chef ruhig ein, zwei offene Ohren für die da unten. Und zwar an beiden Seiten Ihres Gesichts. So können Sie sich Klagen, Beschwerden und Anregungen jederzeit durch den Kopf gehen lassen, ohne dass was hängenbleibt, und machen sich gleichzeitig noch als »Kumpeltyp« beliebt.

Es gibt zwei Sachen, die im Büro immer offen sein müssen: die Tür zum Chefbüro und das Fenster auf dem Klo …

Hygiene ist für die meisten Büromenschen ja immer noch ein Fremdwort. Das, was mir da manchmal auf dem Gang vorm Klo entgegenweht, kann nicht komplett durch die Kantine erklärt werden. Und da gibt's überhaupt keinen Unterschied zwischen Männern und Frauen. Das mit der Tür zum Chefbüro ist natürlich nicht wörtlich zu nehmen. Im Gegenteil.

Chef ist nicht Skat! Da braucht man mindestens drei – beim Chef gilt: Es kann nur einen geben!

In der Natur gehen sich die großen Tiere ja auch aus dem Weg … Eisbär und Tiger zum Beispiel werden praktisch nie zusammen gesehen. Löwe und Blauwal weichen sich bewusst aus, denn in der Natur ist nichts zufällig. Und in diesen Dingen sollten wir von der Natur lernen. Das heißt, anderen Chefs weiträumig ausweichen. Zum Beispiel auf Meetings, Konferenzen oder in der Kantine. Wer schon um halb zwölf isst, hat gute Chancen, die »Kollegen« nicht zu treffen, die einem letztlich nur was anhängen wollen.

Der gute Chef ist wie James Bond – jeder kann ihn darstellen, aber nur einer ist glaubwürdig …

… und ich bin der Roger Moore der CAPITOL, also der, wo die meisten Leute sagen: Er war der Allerbeste. Seit der das nicht mehr macht, hab ich das Interesse verloren.
Es gibt übrigens noch eine Gemeinsamkeit zwischen James Bond und der Chefposition: Egal, wer es macht, es sollte in jedem Fall ein Mann sein.

Woraus besteht der Chef?

Nun, ich kann da nicht für andere sprechen, aber ich bestehe zu 50 % aus Bauch. Im übertragenen Sinn, denn rein körperlich halte ich mich fit wie ein Turnschuhgeschäft. Aber der Bauch steht ja für Gefühl, für Intuition. Ich weiß instinktiv: »Ah, das könnte Ärger geben, das überlasse ich mal besser den anderen!« oder: »Ah, hier wäre es gut, wenn ich mich mal blicken lassen würde, bevor der Kollege die Lorbeeren einsackt ...«

Dann natürlich 50 % Köpfchen und Kopf. Beides. Clever sein, nachdenken. Und zusätzlich eine gewisse Bauernschläue. Auch wenn selbst der gewiefteste Bauer im Büro in null Komma nix eingehen würde wie eine Primel bei Dürre.

Dazu kommen noch mal 50 oder 60 % Ellenbogen. Denn Kopf und Bauch alleine bringen gar nichts, wenn du sie nicht gegen andere durchsetzen kannst. Und zwar ordentlich. Nicht mit Argumenten oder ähnlich windelweichem Schnickschnack, sondern mit Ellenbogen.

Das sind ja 150 %, werden Sie sagen: Richtig! Denn genau so viel müssen Sie im Büro auch immer geben, um ganz nach oben zu kommen. Immer 150 %. Wenn Sie nur 100 % geben, sind Sie aber ganz schnell wieder unten ...

Männer und Frauen im Büro sind wie Tage und Nächte.

Beide sind unterschiedlich, aber beide haben ihre Berechtigung. Wobei Nächte im Büro ja erst mal nicht die Regel sind und schon gar nicht das Ziel. Allerdings: Frauen kannst du beibringen, in fachlichen Dingen Ahnung zu haben, einem älteren Mann kannst du aber nicht beibringen, einen Knackarsch zu haben, insofern haben Frauen sogar einen Vorteil. Bis zu einem gewissen Grad. Es hängt aber dann auch schon sehr vom Arsch ab.
Beachten Sie dabei auch die folgende Regel:

Die Grenze zwischen Humor und sexueller Belästigung ist so fließend wie die zwischen einem Dekolleté und den richtigen Brüsten ...

… es ist oft schwer zu sagen, wo das eine aufhört und das andere anfängt, beziehungsweise die anderen, denn meistens hat eine Frau ja zwei … Brüste, und beide gehen mich in der Regel nichts an. Das ist ja völlig klar. Es sei denn, es ist Ausnahmezustand wie Weihnachtsfeier, Betriebsausflug oder es herrscht gegenseitige Anziehung. So was kommt dauernd vor.
Statistisch beginnt die Hälfte aller Beziehungen am Arbeitsplatz. Statistisch, könnte ich mir vorstellen, wird sogar aus circa 7% aller sexuellen Belästigungen am Ende eine Ehe.

Weihnachten ist im Büro das Fest der schnellen Liebe.

Da ist alles erlaubt. Denn eigentlich soll man nichts mit Mitarbeitern anfangen. Sexuell. Außer eben auf Weihnachtsfeiern. Da gehört das dazu wie Dominosteine. Es wär halt schön, wenn die eine oder andere Dame aus der Lohnbuchhaltung das auch mal verstehen würde und mir zum Beispiel nicht den Eiersalat ins Gesicht klatschen würde, nur weil ich mal ein bisschen gemütlich werden wollte ...

Flach ist gut.
Für Bildschirme und Hierarchien.
Nicht für Frauen.

Von flachen Frauen rate ich ab. Das ist nicht sexistisch, sondern eine sehr persönliche Lebenserfahrung. Und ich meine flach nicht im Sinne von platt, sondern im Sinne von zum Beispiel Frau Lüders aus der Personalabteilung. Was mir da an Animosität und Verbohrtheit entgegengeschlagen ist, nach einem einzigen Abend in der Volleyball-Betriebssportgruppe, sucht ihresgleichen.

Ich will da gar nicht ins Detail gehen, aber wer denkt, dass ich es nötig hätte, eine wirklich fiese Zerrung im Lendenbereich sexuell auszunutzen, kann mir mal gepflegt den Buckel runterrutschen ...

Ein Büro ist eine Dating-Agentur mit Kopierer, eine Partnerbörse mit Akten.

Auf jedes »Können Sie mir bitte den Vorgang xy raussuchen« kommen sieben »Hast du die neue Tippse vom Brönske gesehen?«, »Zehn Euro, die Dings aus der Buchhaltung trägt keine Unterwäsche«, »Ich glaube, der Hoffmann aus der sechs hat was mit Frau Pöhlmann« usw.

Ulf: Wenn man nicht zwischen zwei Vorgängen mal ein bisschen fummeln könnte, wär Arbeit ja wirklich komplett öde. Ich hatte sogar mal was mit einer aus der Materialausgabe, die wirklich nicht mein Typ war, aber die hatte ein eigenes Büro ganz am anderen Ende vom Gebäude.

Stromberg: Ja, es ist besser, sich Liebe mit ins Büro zu bringen, als Arbeit mit nach Hause zu nehmen. Deswegen bin ich im Prinzip sehr dafür, dass sich Beziehungen im Büro anbahnen. Nur hält der Arbeitsvertrag oft länger als die Beziehung, und dann hat man den Salat. Deswegen bin ich im Prinzip nicht dafür, dass sich Beziehungen im Büro anbahnen.

Ein Single im Büro ist wie ein Hungriger beim Metzger. Nur Fleisch in der Auslage ...

Frisch? Nicht immer, aber man kann sich trotzdem nicht entscheiden. Das ist im Prinzip alles richtig. Aber Büro ist trotzdem keine Singlebörse.

Denken Sie daran: Kollegen sind keine Einmachgläser. Keiner hält dicht. Es wird getratscht und getuschelt, und die Kollegin, die Sie einmal hinten im Kopierraum übers Fax gezogen haben, wird das auf der nächsten Geburtstagsfeier nach drei Gläsern Hugo auch ausplaudern.

Mit der Ex im Büro zu sitzen ist wie sich das Schlafzimmer mit der eigenen Mutter zu teilen.

Es ist nicht nur unnatürlich und unsexy, es führt auch zu Getuschel bei den Kollegen, und der Ärger ist vorprogrammiert.

> **Ernie:** Ich habe sehr lange mit meiner Mutter zusammengewohnt, und ich sehe nicht, wieso das unnatürlich gewesen sein soll. Das war ja meine eigene Mutter! Wir hatten vielfach dieselben Interessen. *Lindenstraße* zum Beispiel und Wirsing und schöne Musik.

**Frauen in Führungspositionen?
Ja, kann man machen, aber
empfehlen würd' ich es nicht ...**

Frauen aus der Führungsebene rauszuhalten ist seit vielen Jahren das Erfolgsrezept für die Hells Angels, den Vatikan und die chinesische KP. Die einzige Erfolgsgeschichte mit Frauen sind sieben Staffeln *Golden Girls*.

Tanja: Ich hab meinen Mann dazu gebracht, nicht mehr am Tisch zu rülpsen, seine Socken vor dem Waschen auf links zu drehen und den Geschirrspüler richtig einzuräumen. Wer das schafft, hat doch seine Führungsqualitäten schon bewiesen.

Ernie: Ich persönlich hab gerne mit weiblichen Frauen als Kolleginnen zu tun. Weil die sonst in meinem Leben oft gar nicht so viel vorkommen, die Frauen überhaupt jetzt, seit die Mutti nicht mehr lebt.

Es macht keinen Sinn, die Wand in den Nagel zu schlagen.

Soll heißen, die Firma soll sich nicht nach dem Einzelnen richten, sondern umgekehrt. Vor allem, wenn der Einzelne eine alleinerziehende Frau ist, die ständig »früher gehen will, um den Kleinen noch abzuholen«, oder wenn Termine plötzlich nach den Spielzeiten der Tigerentengruppe im Kindergarten gelegt werden. So müssen wir uns nicht wundern, wenn die Asiaten uns mittelfristig abhängen.

Burn-out und Brückentage sind die Grundpfeiler einer guten Jahresplanung.

Es ist ganz wichtig, sich den Kalender genau anzugucken:
Wohin lege ich meinen Jahresurlaub?
Wo kann ich mit einer gezielten Grippe ein richtig langes Wochenende rausholen?
Ist es vielleicht sogar sinnvoll, sich für eine Fortbildung einzutragen?
Wo passt mir eine Ausgebranntheit?
Mein Rekord war 2002, wo ich insgesamt 62 Tage bezahlte Abwesenheit rausgeholt habe. Ohne Attest!

Tapetenwechsel bringt nichts, wenn überall Raufaser hängt.

Organisiertes Wegfahren birgt immer Risiken. Ein Betriebsausflug zum Beispiel. Es kann eine Kreuzfahrt werden oder ein Kreuzzug, je nachdem. Und es hängt alles am Reiseleiter, also dem Chef. Enorme Verantwortung, die ich mit Bier bekämpfe. Aber Wegfahren ist immer eine feine Sache. Nur nicht zwingend mit anderen. Alleine nennt man das dann:

Dienstreise

Auch Amerika wurde auf einer Dienstreise entdeckt. Was heißt das? Sehen Sie zu, dass Sie Land gewinnen beziehungsweise entdecken! Weg ist immer gut. Sie kommen mal raus, und das wollen alle, die lebenslänglich eingesperrt sind (ob Büro oder Zelle, macht nach ein paar Jahren nicht mehr den großen Unterschied).
Aber wie auch beim klassischen Urlaub, kann man so einiges falsch machen. Hier ist eine Liste von wichtigen Punkten, auf die Sie achten sollten:

• Miles & More

Das ist das gute, alte Rabattmarkensystem. Für jeden Euro, den Sie ausgeben, kriegen Sie einen Punkt, und für zweihunderttausend Punkte kriegen Sie am Ende ein Glas Heringsfilet oder einen bunten Ball. Aber ein bunter Ball ist besser als nichts, und wenn Sie viel Zeit und Geduld haben, können Sie den sogar noch in was wirklich Nützliches umtauschen. Vor allem, weil die Firma ja die Flüge zahlt. Insofern ist das wirklich mal eine Win-win Situation. Aber nur, wenn Sie vorher geklärt haben, dass Sie die Scheißpunkte auch wirklich behalten dürfen. Ansonsten achten Sie darauf, dass Sie wenigstens in die

- **Senator Lounge**

kommen. Da kriegen Sie Zeitungen umsonst, die Sie sonst gar nicht lesen, oder auch Sprudel, Cola und Kaffee und das ganze andere Zeug, das es draußen vor der Senator Lounge genauso gibt, da aber eben auch von Krethi und Plethi gekauft werden kann, während Sie hier unter sich sind ...

- **Hotels**

Am Anfang müssen Sie durch die Vertreterhölle. Drei bis vier Sterne. Auslegeware. Gummibärchen auf dem Kopfkissen, und abends die ganzen Bierbäuche in der Bar, die alle darauf warten, dass die eine geile Blonde reinkommt, die sich vorgenommen hat, heute mal einen Angestellten mit Gummisohlen an den Schuhen abzuschleppen. Die kommt natürlich nie, deswegen achten Sie auf

- **Extras**

wie zum Beispiel, dass in der Abrechnung die Filme, die Sie sich im Hotel angeguckt haben, nicht separat aufgeführt sind. Wenn Sie sich auf einem Wochenendseminar neunmal »Blonde Muschis wollen's härter« gesehen haben, soll das ja möglichst nicht noch die knäckebrottrockene Dumpfkachel aus der Buchhaltung mitbekommen.

- **Dienstwagen**

Im Prinzip ähnlich wie ein Penis. Eine feine Sache, bis alle anderen anfangen, mal ihren auszupacken. Dann geht es los: Meiner ist größer, meiner hat mehr Extras, meiner kann aber schneller. So was macht hurtig schlechte Laune. Und da haben wir noch nicht über den Parkplatz geredet …

- **Arbeitsessen**

Das Letzte Abendmahl war ja auch ein Arbeitsessen und ist für den Chef nicht gut ausgegangen. Außerdem gab es nur Brot und Wein. Insofern ist die schiere Tatsache, dass Sie auf Spesen spachteln, noch kein Grund zur Euphorie. Es hängt sehr davon ab, wer dabei ist und was auf den Tisch kommt.

apitol
Versicher
Sorgenfre

Der Kopf ist rund,
damit man global denken kann.

Geht heute nicht mehr ohne. Ein Schmetterling, der in Korea mit den Flügeln schlägt, lässt in China einen Sack Reis umfallen, und das macht in Darmstadt Erdbeben. Wahnsinn. Alles hängt mit allem zusammen, insofern hält man sich am besten aus allem raus. Je weniger man tut, umso weniger Schaden kann man anrichten.
Denn:

Stumpf ist Trumpf.
Wer sich zurückhält, kommt nach vorne.

Der Erfinder des Kopierers ist später wahnsinnig geworden und arm gestorben. Der Erfinder der lachenden Wurst wurde Millionär. Was lernen wir aus diesen Beispielen? Verbesserungen am Arbeitsplatz bringen nur Ärger. Deswegen ist es nicht sinnvoll, sich dauernd den eigenen Kopf zu zerbrechen, wie man irgendwas schneller, besser, einfacher machen kann. Das sollen mal schön die anderen machen. Und dann wahnsinnig werden ...

Für Arbeit gilt dasselbe wie für Bier:
Nur so viel wie nötig,
nicht so viel wie möglich.

Wenn Sie jeden Tag blau nach Hause kommen (beziehungsweise eben immer Ihr Pensum weggerödelt haben), dann haben Sie früher oder später ein Problem: Sie sind Workaholic beziehungsweise eben Alkoholiker. Das ist gesellschaftlich nicht so anerkannt und überaus lästig. Meist schickt man Sie in eine Klinik oder ist sonst wie uncharmant.

**Der Chinese schläft nicht,
er döst nur.**

Deutschland muss aufpassen, dass wir den Anschluss in der Welt nicht verlieren. Die typisch deutschen Werte Ordnung, Sauberkeit, Ausländerüberempfindlichkeit gibt's jetzt schon weltweit. Selbst auf den Ordnern im Büro steht mittlerweile »Made in Hongkong«.
Das Einzige, was die Schlitzaugen nicht nachmachen können, ist unsere Disziplin. Und eine gewisse Lockerheit. Ich bin mir sicher, dass in chinesischen Büros keiner singt »Dri Diitschi mit dim Kintribis«! Und solche Dinger klopp' ich hier ständig raus.
Deswegen ist Panik wegen der Weltmärkte nicht angesagt. Aber man muss trotzdem ein Auge auf alles haben, denn:

Karriere ist kein Fußballspiel.
Im Fußball bringen dich Niederlagen nicht weiter.

Im Büro schon! Rückschläge sind Vorschläge für die Zukunft. Hat schon der Karrierephilosoph Carsten Maschmeyer gesagt. Ist natürlich Quatsch mit Soße. Macht sich aber in einem Ratgeber immer super. Vor allem, wenn man schon ein paar Millionen gescheffelt hat.
Wenn Sie dagegen nur mit ein paar Kröten im Monat nach Hause gehen, sind Rückschläge genau wie alle Schläge, die Sie kassieren und nicht austeilen, einfach scheiße. Die Wahrheit ist:

Niederlagen sind keine Weiterbildung.

Niederlagen braucht keine Sau. Sie bringen niemanden voran. Champagner schmeckt auch, ohne dass man vorher Lebertran getrunken hat. Verlierer sind einfach nur Loser und keine verkappten Sieger. Man muss überhaupt nicht das Elend kennen, um den Luxus zu schätzen. Null.
Wenn man mir einen Palast hinstellt, geile Weiber und ein schnelles Auto, muss ich nicht mit meiner alten Ex auf einem Fahrrad aus dem Slum gekommen sein, um zu wissen, was mehr Spaß macht. Wenn andere aus Niederlagen mehr lernen als aus Siegen, dann sollen die mal schön verlieren ...

**Erfolg ist
immer relativ.**

Erfolg ist schön. Schöner ist er, wenn man dann jemanden trifft, den man von früher kennt, als man noch erfolglos war. Am allerschönsten ist es, wenn der andere dann immer noch erfolglos ist ...
Wenn man es weiter gebracht hat als der Vater, können auch Treffen mit den eigenen Eltern wieder Spaß machen. Es gibt auch kaum Befriedigenderes, als nach der Beförderung die Exfrau zu treffen, deren neuer Partner gerade arbeitslos ist. Und so weiter. Ich denke, das Prinzip ist klar. Auch bei der Freude über eigene Siege ist die Schadenfreude am schönsten ...

Kündigen ist wie Selbstmord: Du kannst immer wieder damit drohen, aber du kannst es nur ein Mal ernsthaft durchziehen.

Deswegen muss man sehr sorgfältig mit dieser Taktik umgehen. Wer bei jeder Kleinigkeit gleich ankündigt, demnächst in den Sack zu hauen, macht sich schnell unglaubwürdig. Deswegen sollte man lieber erst alle anderen Möglichkeiten ausschöpfen: lamentieren, boykottieren, intrigieren oder krankfeiern …

> **ERNIE:** Ich hab schon mehrfach über Selbstmord nachgedacht, aber noch nie übers Kündigen. Hauptsächlich, weil ja nichts mehr kommt, wenn man sich umgebracht hat, aber wenn man kündigt, geht's ja trotzdem weiter. Damit ist mir nicht geholfen …

Warum kommt man immer wieder ins Büro?
Warum kommen die Blätter immer wieder an die Bäume?

Sie haben keine andere Wahl. Büromenschen sind wie Kraniche, wo man auch sagt, Kinder, warum bleibt ihr nicht im Süden, da ist es wärmer, und die Lebenshaltungskosten sind günstiger. Aber es gibt so eine innere Stimme, die einem immer wieder sagt, komm zurück.
Und eine äußere Stimme gibt's auch.
Vom Chef.

Schlusswort

Es gibt ja Leute, die Bücher von hinten lesen. Teils, weil sie wissen wollen, wer der Mörder ist, teils, weil es sich um die Leute handelt, die uns bei der PISA-Studie reingerissen haben und einfach nicht wissen, wie ein Buch funktioniert. In beiden Fällen können Sie jetzt aufhören zu lesen.

Andere Leute legen sich beim Essen eine Serviette in den Schoß, weil sie denken, sie bekleckern sich, also Leute, die so wenig Vertrauen in die eigene Fähigkeit haben, sich unfallfrei eine Gabel in den Mund zu stecken, dass sie schon mal vorsorgen.

Ein Ratgeber wie dieser hier ist eine Art Serviette zum Lesen: Er schützt nicht vor Tomatensauce, sondern vor Peinlichkeiten, Misserfolgen und falschen Entscheidungen. Dieses Trio lauert in jedem Büro auf jeden. Und für genau diese Leute ist dieses Buch gedacht.

Aber ähnlich wie eine Serviette müssen Sie es wieder und wieder benutzen, damit es funktioniert, das heißt, wenn Sie hier angekommen sind, fangen Sie am besten wieder vorne an. Ja, dann kennen Sie schon alles, ja, dann wiederholt sich das meiste, und ja, dann macht es deutlich weniger Spaß, aber genau das trifft auch auf das Leben im Büro zu.

Genau deswegen ist dieses Buch ja so nützlich. Es schützt vor der Erwartung, dass Ihr Arbeitsleben eine einzige, große, nie endende Party wird. Das gilt nämlich höchstens für das Arbeitsleben von Mick Jagger oder Dr. Helmut Kohl, aber Sie, lieber Leser, verehrte Leserin, können sich schon mal darauf einstellen, dass die Langeweile bei Ihnen fest

als Untermieter einzieht, sobald Sie Ihre Brötchen hinter einem Schreibtisch verdienen.
Sie können dieses Buch auch verleihen, verschenken oder für 50 Cent bei eBay oder amazon verticken, sobald Sie mit dieser Seite durch sind. Das macht Sie kurzzeitig beliebter oder wohlhabender, als Sie jetzt sind, und mehr kann man von einem Buch wirklich nicht erwarten.
Wenn Sie Fragen, Anregungen oder Kritik haben, schreiben Sie alles gerne ins Internet, und lassen Sie mich damit in Ruhe. Ich bedanke mich für die Aufmerksamkeit und wünsche Ihnen nur das Beste.
Ihr

Bernd Stromberg

Capitol Versicherung
3er - schäden
M-O
-
2007
2013
Einbruch-diebstahl
X-Z
2012
P-R
2013
S-W
2007
Einbruch-diebstahl
S-W
2012
X-Z
2007

Ralf Husmann
Nicht mein Tag
Roman
Band 17478

»Ralf Husmann – der Pate des deutschen Humors«
Philip Cassier, DIE WELT online

Till Reiners ist einer, der so ist wie alle, und bislang hat er das für etwas Positives gehalten. Da wo Till ist, ist es nicht trendy. Schon sein Name ist nicht hip, und dann wohnt er auch noch am Rande des Ruhrgebiets und trägt einen Seitenscheitel. Er hat eine Frau und ein Kind und ein Leben wie eine Tatort-Folge: ziemlich deutsch, mäßig spannend, mit wenig Sex, und man ahnt nach der Hälfte, wie es ausgehen wird. Bis Nappo auftaucht, ein Kerl mit einer Tätowierung, einer Sporttasche und einer echten Waffe. Plötzlich ist alles anders: Ein Kaninchen stirbt, ein Mann wird zusammengeschlagen, ein unflotter Dreier findet statt, und Bruce Springsteen spielt dazu. Außerdem fehlen der Dresdner Bank mal eben 30.000 Euro. Und Till Reiners ist nicht mehr, was er mal war …

»In seinem ersten Roman zeigt ›Stromberg‹-Autor Ralf Husmann einmal mehr, dass er ein tolles Gefühl für Timing, knochentrockene Dialoge und ziemlich seltsame Typen hat.«
TV Spielfilm

Fischer Taschenbuch Verlag

fi 17478 / 1